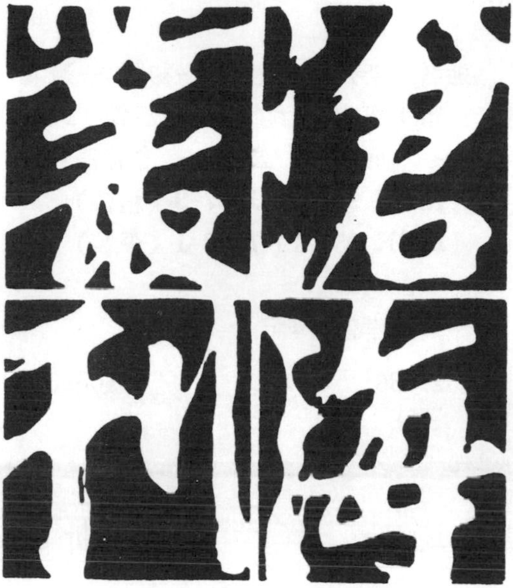

逝者如斯

李孝定 著

東大圖書公司 印行

國立中央圖書館出版品預行編目資料

逝者如斯／李孝定著.--初版.--臺北
市：東大發行：三民總經銷，民85
面；　公分.--(滄海叢刊)
ISBN 957-19-1937-3（精裝）
ISBN 957-19-1938-1（平裝）

1.李孝定-傳記

782.886　　85002658

著作人　李孝定
發行人　劉仲文
著作財產權人　東大圖書股份有限公司
臺北市復興北路三八六號
發行所　東大圖書股份有限公司
地　址／臺北市復興北路三八六號
郵　撥／〇一〇七一七五——〇號
印刷所　東大圖書股份有限公司
總經銷　三民書局股份有限公司
門市部　復北店／臺北市復興北路三八六號
重南店／臺北市重慶南路一段六十一號
初　版　中華民國八十五年四月
編　號　E 78090
基本定價　叁元陸角
行政院新聞局登記證局版臺業字第〇一九七號

ISBN 957-19-1938-1（平裝）

逝者如斯（原序）

我是一個極其平凡而且渺小的人，一生雖無太大的慚德，卻也乏善足陳；兼之鄙陋無文，原沒有寫回憶錄的資格和能力，也壓根兒沒動過這個念頭。現在卻提筆寫下這個題目，似乎是改變初衷了，這其間卻也有個道理。

現在是「急轉彎」的時代，連動見觀瞻的大人先生們，也常常言不顧行，卻更能一帆風順，好官我自爲之，那麼我這個微不足道的小人物，偶爾來個急轉彎，似也應被允許，何況我還有一兩點說得過去的理由：老妻王彝女士，因感念母親的嘉言懿行，和平常從我口裡聽來的、我的先世對家鄉地方上的公益慈善事務，竭盡心力，她不止一次的督促我，把這些紀錄下來，以爲後世子孫，留個好的典範。作媳婦的有這一番孝心，那我這作兒子的，豈能不勉力以赴，以彰先德。此其一。近來獲讀老友王叔岷先生（以下簡稱老友）所撰回憶錄《慕廬憶往》，據說洛陽紙貴，拜讀之餘，覺得甚是精采，卻也看出有許多深心曲筆，滿紙浮誇不實之辭、佳人才子之事，都可進入一位大學者的回憶錄，而且對區區在下造成了些傷害，這引起我寫回憶錄的動機，也給予我撰寫的勇氣。我和老友訂交於民國三十年（西元一九四一年）八月，地點是四川南溪縣李莊鎮的歷史語言研究所，五十多年來，先後同學、共事，有許多共同的師友和回憶，由我來爲他的回憶錄寫讀後記，應是很適當的人選；何況我的動機，是想爲自己的聲譽作辯白，爲許多事事物物明眞象，予豈好辯也哉？予不得已也。老友的深心曲筆，有不少顚倒是非，遁辭詖辭，隨處可見，我會在讀後記和正文中，隨文列舉，此不細表。一開場，就嘮嘮叨叨寫了這許多廢話，似乎有些小家子氣，我在動筆之先，曾和好幾位朋友談過此事，主要是想聽聽他們的意見，其中只有一位朋友，勸我顧全大局，不要寫，其餘的都極力贊成。我知道讀後記發表之後，一定有許多人看笑話，但我覺得我有充分的理由，爲自己的聲譽作辯解，不然，任人誣衊，那是姑息。根據經驗法則判斷，姑息決不能算是美德，何況贊成我寫的居多數，現在是民主時代，吾從衆。此其二。人老了，去日苦多，撫今追昔，逝者如斯，我生於一九一八年三月，八十之年，忽焉將至，這幾十年間，所歷種種，時時縈迴腦際，親人、師友、事事物物，有太多値得感念和追憶的。自己幼承庭訓，立身行己，頗知義方，一生幸少大過，雖然平凡渺小，所作所爲，也談不到貢獻，但對國家社會，也絕無負面的影響，就記憶所及，擇要紀錄下來，對子女輩，也許有些好處。此其三。

一個平凡、渺小的人，所寫的回憶錄，必然也難逃平凡渺小，先寫這篇小序，只是把撰寫的動機交待一下，就以《逝者如斯》爲篇名，也是紀實之意。

本文既然是自傳，當然以自己爲中心，凡所見、所聞、所思、所感，只要是我覺得有意義的，都在記載範圍之內。七十八年不算一段短的時間，勢不能鉅細靡遺，必須有所選擇。記憶力是很奇怪的，兩三歲時所發生的事，猶歷歷在目，恍如昨日，三五年前的事，卻已忘得一乾二淨。我有寫日記的習慣，從民國二十五年（西元一九三六年）九月十八日開始，直到目前，這其間，除了兩次重病幾死，各停寫一兩月不等外，一直未曾間斷，我維持這個習慣，主要是培養自己的恆心和毅力，至於內容，可說一無可取，絕大部分是日常瑣事，很少涉及學問和思想，記過就算了了一件例行公事，不甚措意。現在忽然心血來潮，想起要寫回憶錄，那我這將近一甲子的日記，應該可以提供重要的資料來源，事實卻非如此，一九四九年以前的日記，全留在大陸——可能分別在南京、北平和家鄉，一本也沒有帶來；一九四九年六月一日到達臺灣以後的日記，雖然都還保存著，可是以我現在只有右眼僅存〇．二視力，勢不可能將這四十多年的紀錄從頭翻檢一遍，因之，本文所記，全憑記憶，大致是照發生的先後，間有倒敘、或插敘某事往後的結果，就更顯得時空混淆，顚倒錯亂，因此本文中儘可能不記年月日時，以減少誤記。但我能保證，凡所記的，句句實言，可質天日，那些扭曲眞象，含血噴人的醜惡行爲，是決不會有的。

本書大致分身世、求學、就業、雜事、附錄幾條大綱來寫，每事自爲起訖，作爲一個小節，各自有個小標題，大綱是按時間先後安排，小節各從大綱的時空範圍，除了極少的幾件事外，其餘確實的時間，大致都不可考了。

孝定記於臺北寓廬

逝者如斯

目次

一 序言

上面已大致交待了寫這本《逝者如斯》的緣起，現在要開始寫正文了，在前文所略而未及的，必須在此略作補充，以清眉目。自己雖是一個平凡渺小的人，但畢竟已經活了七十八歲，七十八年，不能算是一段短時間，其間所見、所聞、所思、所感，也不在少數，假如一股腦兒寫將出來，必令人生厭，即令有讀者垂顧，也將難以終卷；因此，我打算將這本小書，區分成如下十章：一、序言，就是現今所記。二、〈譜系〉。三、〈身世〉。四、〈幼年多病〉。五、〈求學〉。六、〈就業〉。七、〈重回史語所〉。八、〈史語所退休後生涯〉。九、〈雜事雜感補遺之屬〉。十、〈附錄〉。這是一個大綱，每章之下，所記之事，可多可少，原則上在章下分節，各章自爲起訖，如此安排，是預留將來增訂時的方便，以免牽一髮而動全身。每章之下，記事有多有少，如第二章〈譜系〉，因爲書闕有間，文獻不足徵，我又無此能力，加以稽考，只能就所知，略記數行，聊備一格，雖是不知蓋闕，也有不能數典忘祖之義。第三章〈身世〉，在「我的父親」、「我的母親」兩節之下，再各細分四小節，加以敘述。第六章〈就業〉，因所記之事較多，故先分(甲)(乙)(丙)三個單元，每單元之下再分節。章下所分各節，概依時間先後，用辭稍涉含混，讀者諒之。第十章〈附錄〉，在回憶錄這種文體中是特例，可是對本書而言，卻是促成我撰寫本書的主要動機，本可歸之雜事一章，但那將使我的本意，隱晦不彰，非我所願。文中所記，全憑記憶，兩眼已近全盲，不能查對日記，大章的次第，時空不致錯亂，各節所記，則恐難免，各種情節，有時互為因果，或互見，或重複，不能一一釐清。

二　譜系

族姓繁衍，各有譜諜，其中雖有攀附誇飾，但大體可信。四十多年前，倉皇東來，未將家譜帶出，只是在十多歲時，偶爾翻閱，現在已全無印象，曾祖以上名諱和事略，已全不可考；經向宗親打聽，纔知道近兩三百年來，在湖南省常德縣沅江以南繁衍生息的李姓家族，是明末張獻忠爲禍時，從江西豐城縣樟樹鎭遷來的；據家譜所載，當時有李思賢、思敬兩公，因從軍作戰，追趕張獻忠，到了常德落脚，當時，江西、安徽、兩湖、四川一帶，飽受荼毒，敬、賢兩公，是從江西遷來，這一點，是可確信的。歷史上，承平盛世，本就較少，天災人禍，史不絕書，每經一次災難，就會有一次的民族的流徙，張李之亂，明室覆亡；清兵入關，那更是大變革。我已是風燭殘年的老人，既沒有專業知識，又缺少可信史料，要想將我族譜系，整理得清清楚楚，實愧無此能力。

此外，我所知道的另一實事，我們的堂號隴西堂，是從明代沿用至今的，隴西是郡望，合理的解釋，我們的上代、自信是從中原南遷的，而且應該上溯到唐代，再作推論，就毫無憑藉了。唐代李姓，有許多是賜姓，很難弄得清楚，我這聊備一格的章節，只能到此爲止了。

三　身世

1　前河花巖溪李家

常德縣治在沅江北岸，湖南有湘、資、沅、澧四條河，都匯流入位於湘省東北的洞庭湖，全省的陸地，幾乎全部都在洞庭湖之南，故稱湖南，常德鄰近湖之西南隅，沅江入湖處，港汊遍布，縣境跨沅江南北，北部稱後河，南部稱前河，從縣城渡河南行一百華里，便到了仙池鄉花巖溪，那是從山谷間流出的一條不算太小的溪流，並沒見過花與石頭，不知緣何得名，沿溪錯落有致的分佈著上百戶人家，雖然雞犬之聲相聞，卻很少互相毗連的，統稱花巖溪，那是以水名村了。

一九一八年，我出生在這個小村裡，誕日是陰曆正月十九日，論陽曆是三月一日。我家人丁稀少，出生時，直系尊親最高輩分的是祖母趙氏，她老人家那年五十歲。祖父傳翼公，和祖母同年，但二十四歲就下世了，祖母從孀居那年起，就長齋奉佛了。父親和母親也同年，生我那年都是二十七歲，父親娶我母親之前，結過兩次婚，我的生母張氏，諱詩達，是父親第二次續弦的妻子。第一位母親陳氏，生大姊燕娥，二姊佩霞，大姊大我十歲，二姊大我七歲；陳氏母親病歿後，父親續娶羅氏母親，不久便因產難去世；母親生我之前一年三個月，先生了我三姊梅青，至今健在，說來應是虛歲八十的人了。父親有個妹妹，我應該稱呼寶姑，早逝，我是否見過，完全沒印象了。曾祖父的名諱和生卒年，我都一無所知，至於曾祖母，我倒知道姓龍，據父老傳聞，爲人剛強果決，眇其一目，背地裡人稱龍打鎗，取其像放鎗時瞄準的樣子，我從影神上——一種祖先遺容的畫像，通常都只畫五代的祖妣，這應該表示五世而祧了，是供祭祀時，懸掛受祭之用——所看到的曾祖母，卻滿慈祥的。曾祖父大概也是早逝，沒有子女，爲了繼承香火，曾祖母要從宗親中抱養一個兒子，我們家是大地主，宗親中爭著要將孩子過繼，曾祖母選擇了祖父，沒達到目的的宗親們，聯合對付她，說以後不許她進祠堂，在以前，這是大事，她老人家當機立斷，捐出六百畝田地給祠堂作祭田，祠堂是能進了，但她老人家不稀罕，斥貲另蓋了一間大家祠，規模較之公有的祠堂還大，這是大家津津樂道的，由於我們家門衰祚薄，這間家祠，從來沒熱鬧過。再向上溯，我眞的一無所知了。

2 我的出生

一九一八年三月一日，我出生在花巖溪李家大屋裡，由於門衰祚薄，四代單傳，我的誕生，一定給祖母以下的一家人，帶來了莫大的欣喜，多年之後，母親還常和我提起，祖母笑得合不攏嘴，逢人樂道：「好一個頭齊尾齊的伢兒！」儘管事隔多年，母親眉宇之間，還掩不住欣喜之情，她老人家轉述完了祖母的話，總不忘加上一句：「誰家的伢兒，又不是頭齊尾齊的呢？」顯然，在當年三代單傳的李家，有了第四代的男丁，自然是一件令人慶幸的事。

3 地主家庭

前面提到我出生地的李家大屋，在前鄉是出了名的，在花巖溪中段一片比較開闊的谷地上，背山而築，横向一排，記不清該是幾開間，總寬度將近一百公尺，縱深，從正門往裡，記得是三進，約莫六七十公尺，絕大部分是一樓一底的木造房屋，主要的建材，是湖南盛產的杉木，是窄葉樹，樹身最高可達二三十公尺，材質不算很堅硬，但正直筆挺，耐潮，防蛀，是它的優點，一般民宅，絕大部分用它，取其易得而耐久。我們家的房子，屋壁樑柱，看上去已經黝黑，少說應該在百年以上了。正廳兩廂，都是立體雕花窗櫺，內容是一齣齣的戲文，騎馬打仗的武將軍，頭上的雉尾，盔甲分明，當然都是小說的繡像插圖上描摹下來的。當年，我最感興趣一幅，雕著一位媽媽抱著孩子把尿，小雞雞都很清楚，後來，小雞雞似乎不見了，大概由於我常去摩挲的緣故。進大門第二進，靠左手一大片房屋，是李家大屋最新最講究的一部分，大家都稱它花廳，聽說是父親十五歲結婚前纔完成的，中間一個長約十公尺，寬約五公尺的大天井，一律大青石鋪地，這和大門外的門廊，門廊兩側兩大石柱上的貼面磚，所用素材，是一致的。大天井的四周，圍繞著大玻璃窗的廂房，窗櫺也是雕花的，北面是大廳和東西兩間，南面一明兩暗，算五開間，天井的兩端，算東西廂，各一間大廳房，每間房都是有樓房的。進大門第二進，向右，轉過一條短短的甬道，前面展開一個南北向的長天井，約莫二十公尺長，天井西側，一連兩大間，是和花廳同時新蓋的，我想應是父親第一次結婚時的新房，後來，母親和父親就住這兩間。長天井的東側，一明兩暗，五開間，南套間是祖母的起居室，北套間是賬房，賬房的樓上是經樓，是祖母每天必到，黃卷青燈，唸佛的地方。上面提列的是我們一家人經常作息的所在，幾個姊姊住那裡，我不大清楚了，說李家大屋，這只是極小的一部分，其餘的除了工人們作息和睡覺以外，就全空著了。早年祖先們的想法，五世同堂，瓜瓞緜緜的子子孫孫都要和樂融融的共同生活在這大家宅裡的。

對日抗戰那幾年，常德縣立中學的校長，是我羅氏母親的胞弟，單名一個霖字，為了避禍，商借我們家作校舍，全校師生七八百人，連教室帶宿舍，都擠在我們家，當然不寬綽，愛誇張的人就說：「還有富餘呢！」就記憶，屋外的稻屋——屯積糧食的地方，就當教室用過的。

歷經幾任校長，學校遷到常德城外德山，常德全城，已盡燬，校長張禮幹，是我遠房表哥，曾拉我去教過兩三個月的高中國文，此是後話，不提。

李家大屋，現在是沒有了，據回去探親的本家告訴我，除了大門洞附近的幾間，還有一個林場和另外一個甚麼單位，留作辦公室外，其餘是片瓦無存了，革命的本質，原就如此，沒甚麼好說的。據幹部說，屋子老舊了，不拆會垮，很危險，我想這可能是實情，這位幹部，公忠體國，冒著危險，留下來從公，很是令人生敬。幹部知道來訪者是我本家，不許拍照，可是不同時間，另一位在我家度過中學階段的同鄉，抱著懷舊的心情，造訪我的故居，沒和幹部說明和我認識，幹部讓他拍了照，給我看，我是一點影子也想不起來了，幸虧屋前的稻屋，巍然獨存，顯得很大，也顯得很落寞。

提起無產階級革命，在全世界，在整個歷史上，都是人事情，要想探討這個問題，需要歷史學、經濟學、社會學，甚至心理學方面的專業知識，有些一知半解的常識是不夠的，我愧無此能力。上面提過，我出生在地主家庭，我生而為大地主，就憑一點膚淺、不周延的常識，談談地主吧。

地主這種社會經濟制度，是絕對不值得維護的，但它是一個歷史包袱，其來有自。在人類學上看，初民社會，曾經歷公社階段，那時人口少，土地取得容易，應該不會有地主階級，後來國家形成，封建制度興起，諸侯的采邑，等於由政治力量，製造了一批大地主，藉以維持政治的穩定，這種社會經濟制度的形成，至少說也該有兩三千年的歷史了，以當時的社會結構，農業的良窳，直接影響了國家的興衰隆替，所謂國以民爲本，民以食爲天，在中外歷史上，都是至理名言。這種情況，直到西方的工業革命，整個的社會結構，產生了基本的改變，經濟制度的改變，是其中重要的一環，地主制度，對廣大佃農的剝削壓榨，猶其餘事，它更成爲社會進步的主要障礙，它之該被廢棄，是天經地義的事。馬克斯就在這種背景下，提出了他的社會主義理論，這和中國儒家的大同思想是一致地。只可惜，還沒等像他一樣的思想家，和實踐社會改革的政治家們，籌思出一套具體可行的改革步驟來，他的徒衆們，便迫不及待的，發動了躁激的共產主義革命。於是地主階級便首當其衝了。我常想，我這地主家庭出生的，何幸可以生而不虞凍餒，又何不幸而背負此唯一死刑之罪名以俱生？現在，中國大陸上的地主，應該是淸除淨盡了，可是中國的廣大群衆，是否確已免於被剝削、被壓榨的絕境？我不願這麼想，剝削、壓榨他們的，只是從地主換成了另一個階級而已。中國國民黨，在大陸上是徹底失敗了，來臺後，懲於前失，認眞的推行了三七五減租、和耕者有其田的政策，現在這政策被證明是非常成功的，它奠定了臺灣的農業基礎，進而支持工業建設，經濟起飛，更進而達成今日舉世豔羡的經濟奇蹟。

中國共產黨，早年是以土地改革者自居的，這是一句很成功的口號，它獲得了全國人民廣大的支持和憧憬，也獲得了國際間廣泛的同情，中共就靠這種宣傳，順利地取得政權，雖然也動用了槍桿子。毛澤東是確信槍桿子出政權的，他沒有錯，歷史上那一朝的開國之君，不是以馬上得天下的？但中國共產黨卻想以馬上治之，這樣久了，終成騎虎難下，六四天安門事件就是顯例，千萬「馬虎」不得！假如當年中共在大陸，眞心實行土地改革，那以後的三反、五反、以及文化大革命，應該都可避免，地主階級，也可不致成為替罪的羔羊，這豈不是美事？我行年八十，忽然心血來潮，要寫甚麼嘮什子的回憶錄，這還罷了，偏又說溜了嘴，說上一大堆觸犯時忌的廢話，但願這些廢話，對國計民生，有一絲半點裨益，那我就因此受死，也甘之如飴。

4 我的祖父母

我這一支裡，我所見到過的、唯一最高輩分的人，是我祖母，上面提過，我是祖母五十歲那年出生的，祖父傳翼公是從宗親家過繼過來的。祖父和祖母同年，二十四歲上就過世了，有關他老人家的事，聽說得極少，只聽說會做錯金的刀具，我小時還看見過一兩件。應該是讀過家塾的，卻沒見留下片紙隻字。二十四歲那年，死於肺癆病。在那個年頭，這毛病是絕症，我父親也是死於此症，這充分的說明了那個年代醫藥的落伍，和衛生知識的貧乏。說到這裡，有一點值得一提的是，清代積弱不振，鴉片戰爭之後，中國深受此物之害，窮鄉僻壤，走到那兒，都可見到一榻橫陳，一燈如豆，吞雲吐霧的景象，只要是差堪溫飽的人家，都絕不能免，客人來了，先請在煙燈對面躺下，香上一筒，然後才談正事，這一點，我們家倒是從沒沾過邊兒，這在那時候的有錢人家，雖非絕無，卻屬僅有。祖父過世後，祖母就長齋奉佛了，心情的落寞，是可以想見的，日子久了，身子骨兒也就壞了起來。我還記得，她老人家，吃過點東西，就常打嗝，胃痛，三姊梅青，每天早晚去請安，大半時間，我也跟了去，三姊兩隻小手，就在祖母肚子上揉搓，祖母打一半兩聲嗝兒，覺得舒服了，就誇我們，偶然停下幾分鐘，祖母不打嗝了，三姊就賣力的揉，一面不停的咯、咯、咯，學著祖母打嗝，常常逗得老小三人笑作一團。後來，祖母的胃部，摸得出一個硬塊，漸漸長大，現在想來，大半是胃癌，在那時候，只知是疑難雜症，沒法治的，一天一天沈重，就在她老人家五十六歲上，撒手西歸了。那時，父親已過世三年，二姊是和父親同年同病過世的。祖母過世時，母親三十三歲，大姊十六歲，三姊八歲，我六歲，我已經懂得些事情了，覺得冷冷清清地，母親帶著三個半大不小的孩子，過著相依爲命的生活了。

5 我的父親

提起父親，眞的是印象很模糊了，原因是他老人家死時，我才三歲過一點，雖然比同樣大的孩子懂得多一點，但畢竟還小。再則父親多病，嫌小孩子愛吵，平常對孩子們，是很少假以辭色的，小孩們，尤其是我，只覺得望之儼然，自然就敬而遠之了。要憑我自己的親歷，關於父親，就只有兩事可記：一是父親病中有關荷蘭水的故事。一是父親死後沒多久，我在幻覺中看到父親的故事。

(1) 荷蘭水

先說荷蘭水。荷蘭水現在大家叫它汽水，那時舉凡和外國沾點邊兒的東西，多冠以荷蘭、法蘭西、英吉利、俄羅斯的國號，美利堅的名稱，似乎比較少些，這是否能正確反映我國當時的國際關係，我不知道，但我知道那些都是稀罕物事。一天，鄉下來了一個貨郎，各種針線、花粉，那是常見的，那貨郎擔子上，最引我們孩子們注意的，是糖果點心，那天更別緻了，有一種玻璃瓶，瓶頸兩面凹陷，已經夠奇怪了，最特別的是，凹陷處，還嵌著個小玻璃珠子，貨郎告訴我說那叫荷蘭水，不管模樣兒或名字，都透著新鮮。我磨著母親買了幾瓶，拿到父親臥房裡，從貨郎那兒學到了開瓶的方法，倒出滿滿一杯來，我滿心興奮歡喜，正待伸手接過，母親卻將那杯希望之泉，先遞給了父親，這時一股委屈，按捺不下，便哇的一聲哭了出來，父親便將杯子遞過來，我不肯喝了，管自哭，忽聽一聲斷喝：「不許哭！」眞像晴天霹靂，我的哭聲，雖截然而止，但仍在抽咽，是祖母一把將我摟了過去，又輕聲埋怨了父親一句，我才肯慢慢的啜飲了。寫到這裡，想到自己對孩子們，何嘗沒有呵責過，不知他們將來寫回憶錄時，會怎樣描述呢？

⑵回七

下面所記，我想是自己的幻境，那是渴盼和懷念匯聚而成的。父親死後不久的一個黃昏，我獨自一人溜到大門口，那已經過了甬道和廳堂，隔母親住的上房，有一段距離了，尤其是日薄崦嵫，闃無一人，情況有些詭異，我獨自扒在青石門坎上發楞。猛一抬頭，遠遠的來了一頂轎子，逕直走向我們家，一位長身玉立的男子，下轎後，走上了門前的臺階。這時，我眞實的認出那是父親，也沒覺得奇怪，他摸了摸我的頭，伸手牽了我往裡走，到了大廳，兩旁掛滿了輓聯，我是滿三歲啓蒙學方塊的看圖識字，幾個月下來，那時約莫認得三兩百個字了，父親指著輓聯，一一考問，我都答對了，父親大有嘉許之色。這時已走到甬道口，父親自去上房，我恍惚間走進祖母的臥房，細述所歷，引得祖母一陣傷心，哭了起來，這時母親和另外幾個人，也聞聲而至，探問之下，幾個人都相擁而泣。這幕幻境，去今已七十餘年，卻歷歷在目，恍然如昨，一般人多視爲靈異，我現在的解釋，卻寧願相信，是一個渴盼得到父愛的孩子，懷念遽爾不見的親人，編織出來的夢境。但在當時，這故事被許多人津津樂道的說：榮相公——父親諱家楨，字向榮，相公是一般的尊稱，原來應該是用來稱呼宰相的——是回來了的。在民間的傳說裡，新逝者的魂靈，逢七必定回家，那天是不是恰逢七日，我是眞的記不得了。

在大家如此傳說紛紛的時候，有人向祖母和母親建議，應該請過陰的人來求證一下。過陰是一種民間信仰，說有一種人，能神遊地府，與鬼神相接，擔任陰陽兩界的信使，也就是現在世人所稱的靈媒，據我看，應該是一種催眠術。沒過幾天，就請來了一位過陰的法師，施法時，先將父親在世時的一位書僮高子初請來，坐在當場，法師口中喃喃自語，意思是讓他辛苦一趟，將榮相公請來，和家人敘敘。子初先是垂眉低目，不多一會兒，便渾身發抖，據說是上馬了，這樣又過了一段時間，子初開口說話了，卻不是他平日的聲調和語氣，仔細一聽，是我父親的口吻。先是責備母親太大意：「那天天都快黑了，你怎麼放心，讓琦兒（我的小名叫陸琦）一個人，跑到大門口去玩？」母親是將信將疑，支支吾吾的說：「以後會小心的。」隨後敘了些家常，隨即像是不經意的問說：「那串開盛放田契箱子的鎖匙，你放到甚麼地方去了？」母親其實是有意試試他的，「說你大意不是，那麼重要的東西，怎可隨便亂放，不是一向都放在床頭櫃第一個抽屜裡的嗎？」我所生幻覺的事，是很多人都知道的，旁人可以裝神弄鬼，但鎖匙的事，外人是不知道的，這下子引得祖母和母親一陣傷心，旁觀的人，也唏噓稱異。

下面兩則，得自母親和父老們述說，年份是聽說了的，現在早忘記了。

(3)辦團練

民國初年，鼎革不久，農村凋弊，盜賊如毛，地方上多辦團練，以求自保，主其事的，都是地方士紳，平日望重鄉里，足以服眾的，當然，除了出力，更重要的是要出錢，父親自然是首膺其選了。一天，鄉下來了兩個外地口音的大漢，便衣，自稱是馮玉祥派的密探，（定按：馮玉祥是在常德駐節過的，還流傳了許多有關他的、膾炙人口的故事。他的司令部設在我後來就讀的省立三中，但和這則故事有關的軍官，是否眞的是馮玉祥旅長，已不可考，因當時全國各地，大小軍閥，據地爲王，常德是大縣，自然是軍閥必爭之地，你來我往，常常一月之內，數易其主，一進城，首要之務，先找總商會，然後派了全副武裝的士兵，一個商會職員，配一個槍兵，分途辦事，向民間予取予求。我們家後來定居城裡，光是應付這種差事，已經讓人焦頭爛額，心狠的更擄人勒贖，那就可能要傾家蕩產了。父老傳說的是馮玉祥，他當時是旅長，實力最強，佔據常德也最久，傳說應是可信的。）藉口打探敵情，在地方上作威作福，除了酒飯招待之外，盤纏澆裹，照例是少不了的，可是這兩人貪得無饜，不肯就走，鄉勇們向父親報告，父親聽了，一聲令下，將兩人綁了，自己一頂轎子，親押兩人進城，直趨馮的司令部，向馮說這兩個散兵游勇，冒充他的密探，魚肉鄉民。馮是僞善出了名的，尤其以軍紀嚴明自詡，聽了父親的說詞，被堵住了嘴，發作不得，反而好言相謝，將父親送出司令部的大門，鄉里父老，從此更加敬服他的膽識。

(4) 遠赴鄰省，買米賑災

地主不盡然都是剝削階級，一個有良知的地主，都了解自己是負有一定社會責任的。我們家的上幾代，都謹守忠厚傳家的古訓，偶遇水旱飢荒，減免田租，那是常有的事，每年青黃不接時，施米施粥，幾代下來，遵行不改，這是指普通災歉，自己家的糧食，就夠開銷了。據說有一年鬧大飢荒，不但四鄉無米可買，鄰近的縣分，也是大致相同。常德的農產，主要的要靠後鄉（也就是後河。）那一大片湖田。所謂湖田，是指洞庭湖附近的農民，將冬季水枯時，湖邊淤積而成的土地，築堤圍將起來，當地稱爲院子，也就是與水爭地所造成的湖田。湖田的好處是肥沃，有時可以兩熟，但最怕的是決堤，每到春夏，長江的洪峰東下，洞庭湖水滿時，院子的地面，是低於湖面的，一旦決堤，那災難大概就和黃河決堤不相上下了，不但幾年心血，盡付東流，而且廬舍爲墟，立錐無地，災民成千累萬的流離轉徙，就食他鄉，這種情形，我們稱作「吃大戶」。那年偏又逢前河鬧旱災，（前河是山區，很少鬧水災的。）水旱交加，情形就嚴重了。那年頭，地方政府當然要管，可是也力不從心。父親看到這情形，雖然悉索敝賦，但鄰縣也無米可買，他老人家當機立斷，籌了一筆可觀的款子，立即北上武漢，武漢是大碼頭，水陸要衝，有了錢，米是不愁匱乏的。據說他老人家將帶去的鉅款，買了裝滿三條船的糧食，那是當時長江和內河航行的小木船，雖不很大，但裝滿一船，少說也怕要幾十噸糧食，將三船糧食，掛在往來漢口和常德的小火輪後，運到家鄉，方解了燃眉之急。這下子李善人的美名，左近幾個縣分都傳遍了。我寫這段故事，自然是要表彰先德，但我想他老人家當年，一定只想到，這是義所當爲，絕不會想到藉此沽名釣譽。能像這樣子急公好義，全國也決不止我父親一人，我也想藉此說明，地主階級，決不都是該死的。

6　我的母親

母親和父親是同年的，民國七年生我時，二老都是二十七歲，上溯二老的生年，應是民國前二十年，大致算算，是遜清光緒十八年。母親姓張，出生在常德西邊靠近桃源縣的五里沖。外祖父諱晉泰公，是一個很殷實的小地主，沒進過洋學堂，也沒中過科舉，在家塾裡接受過很紮實的教育。母親上面有兩位哥哥，大舅父諱詩冕公，號宣甫。二舅名諱不記得了，號定甫。他們兩位都是師範學堂畢。母親大排行三，在當時，生了女孩子，很少給命名的，外祖父母常叫她大妹，後來母親便自己取了一個閨諱，叫詩達，原是「大」的諧音，卻也典雅莊重，就沿用下來了。母親下面是一個妹妹，成年後，沒有婚嫁便早逝了。下面是三舅父，諱錡，號元甫，武昌高等師範學堂（武漢大學前身）畢業，主修數學，卻以文史見長。四舅諱鏞，號同甫，北京大學中文系畢業，據說畢業論文是有關文字學的。五舅諱鎮，號貞甫（定按：後來自己以「貞夫」行之），畢業於黃埔軍官學校第一期，畢生服務軍旅，可說久居要津。六舅名諱也記不清了，據說天資穎悟，可惜中學剛畢業就早逝了。外祖父家景，雖然可說殷實，但要培植幾位舅父，外出就學，且都卓然有成，就一個鄉下的地主而言，這眞是極爲難得的成就了。

母親沒上過學校，連家塾都沒讀過，原是不識字的。後來和父親結婚，是塡房，作後母，有兩個六歲和四歲的女兒，婆婆和丈夫又多病，外祖父是覺得有些委屈的，可是母親對於這個境遇，終其一生，從沒說過一句怨天尤人的話，她老人家最受人尊敬和不可企及的，是完美無瑕的品德。她老人家從沒唸過書，可是接受了儒家思想的涵泳，所言所行，動中繩墨，她老人家的懿德，似乎是與生俱來的。

母親逝世於民國五十二年，享年七十二歲，一生可記之事，實在太多，現在只能就其事親、處世、待人、其他，這幾方面的嘉言懿行，爲親友間所共見共知者，略記大要，以示子孫。

(1)事親

父親和母親結婚那年，二老大概都是二十三歲，父親是三十歲病故的，照常情推測，那年，他老人家的健康應該不是很好了，加之性情剛烈，對母親的態度，恐怕不是很溫柔，這點，母親是從沒對我提過的。我長大後，長輩親戚和我談起往事，偶然會涉及一二，可是就從沒聽說二老有失和之事。僅此一點，在尋常夫妻間，已是難能可貴，值得大書特書。可是母親從來不談這些，只能推知她老人家對父親是體貼備至的，可是又沒有多少事實，可供記述，不能立一專章，只好附記於此。

母親來歸時，大姊六歲，二姊四歲，晚娘與前妻的子女，難以融洽相處，在中國家庭裡，似乎是理所當然的事，何況上面還有舐犢情深的祖母，可是，母親從沒在這方面，受到親友的議論，這事看似平常，卻是她老人家以無盡的愛心換來的，我將在待人那節裡，稍作補述，這裡也一筆帶過。

上面提過，祖母在二十四歲那年居孀，心情當然是悒鬱的，到了四十多歲，又犯了胃病，時常疼痛，脾氣自然不是很好。有一件事，母親不止一次和我談起：有一次爲祖母梳頭時，頭髮糾結，不小心梳重了些，祖母不高興，責怪了幾句，母親說：「我在鏡子裡，看到奶奶生氣的樣子，很像小孩，忍不住背過臉去笑了起來，奶奶從鏡子裡看見了，說：『妳這個女兒，我在罵妳，妳還笑得出來？』說著說著，奶奶自己也噗哧一聲，笑了起來。」母親說：「我眞的是看到奶奶的樣子，蠻逗笑的，並不是故意要討奶奶的歡心。」母親說到這裡，臉上總洋溢著一股孺慕之情，足見她老人家，對婆婆的孝心，出自天性，決不是矯揉造作出來的。父親死後三年，祖母才過世，三年之間，婆媳二人，相依爲命，和樂融融，鄉里無不稱道。

(2)處世

這個題目，似乎是泛了些，但唯其是泛，不限一時一事，是無法矯揉造作的，幾十年間，所言所行，少有不令人心悅誠服的，上文所稱「動中繩墨」，正是指這種廣泛的事實，不是特殊的個案，可以矯揉媚世的。

我家比較富有，宗族鄉黨，每有急難，來告幫求貸，從來沒讓人空手而回過，眞正窮困的，更是長年供應。地方公益和政府捐項，地方士紳，主其事者，常常派在我家名下，其實其他的人，也不乏殷實之家，母親也少有計較，她知道孤兒寡婦，爭也無濟於事，不如克己待人，倒可落個和睦相處，這種情形，直到我上了大學，方漸獲改善。我們家是大地主，每有災歉，佃戶請求減免租賦的，母親總是從寬處理，當時也不過是求個心安，從來沒存過施恩望報之心，可是後來卻是得到了佃戶們好的回饋的。這事值得一提。

一九四九年，大陸政府易幟，共產黨當了家，那一年間，師友親戚，被鬥爭喪生的，難以指數。那時我已東來臺灣（詳見下文就業章），母親原以爲大不了家產全部充公，命總是保得住的，因之，因循瞻顧，沒作避禍之計。直到一九五〇年的某一天，有四位佃戶，分別從不同的地方，先後不約而同的來到花巖溪我家，對母親說：「奶奶（這是佃戶對我母親的尊稱），妳一定要走了，共產黨的幹部，已經通知我們，要定期開鬥爭大會，這是違抗不得的。」母親在前面一兩個人來說時，還在猶疑難決，直到第四人來到，衆口一辭，情勢才眞的緊張起來了。佃戶們都不敢逗留，說完話都急急走了，原來害怕給共黨幹部知道了，他們也難脫干係的，母親這才積極準備逃亡，這該是天之報施善人啊！

我的外家有許多表兄弟姊妹，尤其是大舅家的大表姊，名叫張禮靜的，和我母親最爲親近，寒暑假常住我們家，她們的同學們，有時也來我們家走動，都跟著表姊叫姑媽，母親也親切的接待她們，長久了有若家人，莫非母親誠懇慈祥，是難以如此融洽的。

(3)待人

母親來歸時，大姊六歲，二姊四歲，雖然都忠厚善良，但對一個新來乍到的後娘，總有些排斥，難以融洽。我沒聽說過甚麼特別的事例，就拿照料兩個小孩的起居飲食與日常事務來說，如梳髮辮，換衣服，上家塾，這一類每天都要發生的事，她們總不願和母親合作，多方挑剔留難。二姊是和父親同一年過世的，我還小，沒甚麼印象，大姊直到四十二歲上，因子宮癌逝世，三十多年間，對母親敬愛有加，比起親生的來，毫無二致，這種母女親情，親友們知道的，莫不稱道不置。

我的脾氣不好，和妻結婚後，四個孩子，在五年之內接連出生，家境極度貧乏，因之和妻時生勃谿，事情發生後，母親總是背著妻責備我的不是，常說「她對你很好，你要改改你的脾氣，人與人相處，是要盡力克制自己的。」一到了後來，妻對母親，也產生了親情，在母親臥病五年多的日子裡，是明顯看得出來的。我拈出這二例，說明母親待人之道，因爲家人骨肉，朝夕相處，日久自見眞情，是僞裝不來的。

(4)其他

自從三十歲居孀那年起，母親接手當家，祖母晚年多病，又新遭喪子之痛，家務是不願、也無力過問了，於是千斤重擔，全落在母親肩上。這事看似平常，其實千頭萬緒，尤其母親那時還不識字，爲了當家過日子，纔現學現用，到後來，也能看賬、和一般政府派捐徵租的簡單公文書，不懂的隨時向人請教，日子久了，漸能應付裕如。也有那心懷叵測的鄉黨胥吏，難免會在銀錢出入、捐稅攤派上，動點手脚，母親往往能掌握要點，提出問題，洞中肯綮，幾次下來，那些不肖之徒，相識小心，漸漸另眼相看了。

至於和官府間的折衝應對，各田莊間的勘災收糧，母親一個婦道人，兼之識字無多，究是有許多不便,先後幾十年間（直到一九四九年共黨執政爲止），都委託一位遠房伯父,諱伯順先生的，代爲掌理。這份工作，是要任勞任怨的，可是也有些人眼紅，向母親說了許多閒話，無非是那一年他拿了多少好處，那一年他又添置了多少家業，母親一概不理，伯伯（這是我對他老人家的稱呼，上一字取其名，第二字則是族誼）每年收租後，總是將賬册包好，送到我家，母親總是原封不動，儘快送將回去，以示用人不疑，幾十年間，從無閒言，這在常人，也是難以作到的。

我家上世，對地方上公益慈善事務，總是不遺餘力的報效，施燭施米，更是年年如此。母親當家後，一秉祖訓，從沒間斷。

那年頭，重男輕女，農村中尤其如此。女孩子勞動力較差，辛辛苦苦養大了，終是人家的人，還得添些賠送，窮鄉僻壤的農家，女孩子生多了，溺嬰之事，時有所聞，我家上代，不止一次收養棄嬰，這是迫不得已的。棄嬰的過程，大致是類似的，將女嬰用襁褓包好，放在一個菜籃中，用紅紙寫明孩子的生辰八字，塞在籃子裡，趁天將明時，放在經常使用的側門（我們稱作「土門」）口，點燃一串不短的鞭炮，棄嬰的父母，將孩子放下後，就藏在附近觀望，聽到開了門，才一溜烟的逃掉了。我們只要聽到狗吠、鞭炮響，就知道家裡要增添一口了。孩子進門後，第一椿事，是要爲她請乳媽，在鄉下這是不容易的。聽說有一次，竟是孩子的生母毛遂自薦，我們家明知如此，也只睜一隻眼、閉一隻眼，將孩子寄養在她家，還得按時送上工資澆裹，等孩子能自己吃飯了，再送回我們家。孩子漸漸長大，自然要作些輕鬆的家事，其名是婢女，實際上和家人一般無二。到了二十上下，還要爲她婚配，賠上一份微薄的嫁粧，再有一些銀錢，是當她多年的工資給付的，數目自然不大，也是求我們自己心安，我就看到兩位嫁出去的婢女，偶爾回娘家，還眞親如家人呢。

四　幼年多病

這裡所說的幼年，自然是從出生算起，究竟算到多大年歲，才告一段落呢？從生理上說，人的一生，應該分爲幼年、青年、壯年、中年、老年；可是就我寫這回憶錄的寫法，本章既以「多病」命題，自然是針對健康的情形說的。那這個階段，就相當長了，大概從一九一八年出生起，一直是多災多難，幾瀕於危，直到一九四一年，似乎才遠離了藥罐子，這一段二十三年的時間，對我一生的健康、學業、甚至人生觀，都有深鉅的影響，因之，本章所記之事，和其他各章，尤其是〈就學〉那章，頗多重複。本來回憶錄，就是隨想隨記，本無定則，分章節原只是爲了記述的方便而已。記這二十三年的事，雖說以健康情形爲主，但很難找出些特殊事例，大多是些瑣屑平凡的事，姑且分作童年、青年兩個階段來說吧。

1 童年期

前章記我的家世，已經說過我們家上代的健康情形，都很不好，祖父、父親，都可說是短命的，二姊尤其是夭折，祖母晚年多病，也沒活到高齡。母親在這種環境裡，心理上原已倍感壓力，偏偏母親生我後，沒有乳，換了好幾位乳母，也都一樣，據母親說，有好長一段時日，是靠米湯活命的。這樣苟延殘喘，到了一歲上，不知得了甚麼病，渾身水腫，母親常和我提起，渾身半透明，就像一條快吐絲結繭的蠶，眼看無望了，母親終日以淚洗面，家裡自然也是愁雲慘霧。那時的醫藥是非常落後的，尤其是鄉下，往往要跋涉幾十里，纔能請到一位醫生，自然是全科，就這樣也更換了好幾位醫生，大概是命不該絕，腫忽然一天天的退了，雖然已瘦得不成人形，但小命兒是保住了。

在那年頭，民智閉塞，像我們家有點錢，雖然吃穿不愁，但衛生條件，是談不到的。不到兩歲，我又滿頭長了大膿瘡，潰爛流膿，其深見骨，將近兩年，沒有收口生肌，居然能苟全性命，眞是奇蹟。至今滿頭疤痕纍纍，初中時，同學惡作劇，叫我「西瓜腦袋」，就指這個而言，說來已是七十多年的往事了。

後來，過了幾年太平日子，因鄉下治安不好，我們家搬進了常德縣城，僦屋而居，我的健康，又開始惡化了。記得十一歲那年，我以很優異的成績，畢業高等小學，那時，小學分初高兩級，初小四年，高小三年，我也順利的考上縣立初級中學，也就是抗日戰爭激烈時遷到李家（我家）大屋的那間中學，又考上省立第三中學，是有高中普通科和師範科的完全中學。我上了省中，正自高興呢，誰知無緣無故的，又開始多病了，先還只是沒精神，沒胃口，漸至常常臥床不起，還不時微微發熱，母親根據照料父親病體的經驗，知道情形不妙了。縣城中的醫藥，遠較鄉間進步方便，我也從此與醫藥結了不解之緣。

初中三年，總有一半的時間，是在病床上度過的。病情除了上面所說的倦怠、沒胃口，間或發燒咳嗽，後來又多了一種出盜汗的毛病，不論季節，一睡著，就大量出汗。上床前，母親總將乾毛巾，塞在睡衣裡面，一夜要換兩三條，聽說厲害時，毛巾竟可擰得出水來。

當年有病都是看中醫，用甚麼藥，當時是知道的，現在日久，早忘了，只記一味鹿茸，據說這還是老年人才用的，竟成了我的主藥。營養的補充是人乳，縣城裡請奶媽較方便，每天早上來，擠一大碗，趁著微溫，捏著鼻子喝下去，那時縣城雖無鮮牛乳，奶粉是買得到的，可是醫生說人乳大補，自然就顧不得費事了。家中平日的膳食，原就豐盛，動物性蛋白，無虞匱乏，就這麼調養，健康情形，也就有起色了。

因爲多病，母親對我的功課，從不加以督責，我記得同班大概不到四十名，畢業時我名列十七，和小學畢業的優異成績，相去霄壤，可是母親和我，絲毫沒有介意，這深深的影響我此後對課業的態度，從來不和人爭長論短。

母親對我的言行舉止，卻是要求極嚴，眞到了一絲不苟的地步，親戚中的長輩，有時勸她老人家：「你們家四代就這麼一個男丁，何忍如此嚴苛？」母親總說：「唯其只有一個，萬一學壞，就沒有指望了。」

後來，我和妻生了四個孩子，我對他們的課業，從不苛求，常說：「只要你自己覺得已盡了最大努力就夠了。」品德方面的要求，卻是較爲嚴格的，這也是幼承庭訓的影響。

2 青年期

我是直升高中的，是普通科第四班，這時，健康方面大有起色了，能吃、愛玩，這和當年玩伴們鬧翻了天，我卻止負手旁觀，已判若兩人。記得從我上高中後，母親的臉上，漸漸多了些笑容。我的課業也頗有進境，更重要的，運動場上，時常看到我的身影，我成了排球的校隊隊員，籃球的班代表，田徑場上也很活躍。記得當年給我「西瓜腦袋」這個綽號的陳高林，欺負我說：「西瓜！我們來跑百公尺，我讓你十公尺。」我說：「誰要你讓。」這時，圍上了好些同學，有的喊起跑口令，有的拉終點線，一聲令下，向前飛奔，先衝線的竟然是孱弱的我，成績是十三秒二，那時是高一，我十四歲，十三秒二，是當時女子百公尺的全國紀錄，我爲此很高興了一陣子。

陳高林後來改名士林，畢業北京大學中文系，是北京少數民族學院的老教授，聽說已於一九九一年去世了。

高中三年，是我健康的重建期，幾乎可以用脫胎換骨來形容。民國二十四年（一九三五年）高中畢業，考國立中央大學中文系，唸完二年級的暑假，是一九三六年的七月，那時，舉國上下，發奮圖強，準備抵抗日本的侵略，大學生要受極為嚴格的軍事訓練，期間雖只短短的兩個月，卻比正式的陸軍軍官學校還要嚴，地址是在南京甚麼門外，記不得了，軍營就和陸軍官校毗鄰，只隔一道短牆，我們整天操作，無有已時，官校學生，卻常常爬在短牆上，取笑我們的笨態。

兩個月再辛苦也過去了，可是卻差點送了一條小命。那時政府財政困難，一切因陋就簡，軍營中到了傍晚，聚蚊成雷，偏偏蚊帳百孔千瘡，形同虛設。退伍不久，我病倒了，寒熱間作，這在有經驗的人，一眼便知道是瘧疾。我看的是當時南京鼎鼎大名的中醫大國手，名字似乎是張仲景，診金奇昂，也還罷了，可是就診斷不出我到底害了甚麼病，牽延了將近兩個星期，他竟想全身而退了，在脈案上，說我害的是秋瘟，虧他時序還弄得清楚，又說，假如轉症，就沒得治了。我一看，付了診金，回頭就走，藥也不抓了，他生財有道，處方兼賣藥，涓滴不漏的。回到大姊家（因病中住校不便），記不得是甚麼人和我說：「看情形有點像瘧疾，張大國手都不能治了，為甚麼不試試奎寧丸？」說完，立刻去買了三顆，分三次服下，當天就沒發病，可是人已經折騰得不成人形了，休息了個把月，回校上體育課，我這個院籃球代表，竟然連球都接不住了。事後才知道，這次「秋瘟」，南京附近幾縣，死了四五千人，我雖保住了性命，可是以後五、六年間，每年總得發作幾次，直到民國三十年（一九四一年）才算斷了根。

我是民國二十八年，在大學畢業的，記得那年夏天，瘧疾、痢疾交侵，卻也叨天之幸，糊里糊塗的活過來了。當年醫藥，遠不及今日發達，加上日寇侵華，連奎寧都是稀罕物事，我們經過那麼多苦難的日子，現在眞要算神仙生活了。

五　求學

本章所記，從三歲啓蒙開始，到北京大學文科研究所畢業，前後經歷二十三年，其時間和上章〈幼年多病〉的時段，幾乎完全重疊，只是起訖各向後挪移三年而已。

1　我的啓蒙恩師——從三歲到高中畢業

先師姓黃，單諱一個鶴字，號笙陔。他的令先尊，名諱不詳，是先父的啓蒙師，也是業師，所以我們是兩代師弟的關係。我雖生而多病，在智慧方面，似乎有點早熟，學習能力，稍稍優於常兒，先父就請其同窗好友笙陔先生，爲我啓蒙，先從看圖識字學起，進度似乎還不錯。沒過多久，先師已進而解釋字義，學習簡單造詞，我記得四歲稍過一點，就開講了。所謂開講，就是捨單字單詞，而讀成篇的文章。可惜我不知道，先父和先師兩位老人家，是如何決定我的教材的，我只清楚的記得，開講的教材，是歷史和地理兩方面的：一是《讀史論略》，一是《地球韻言》，兩書的作者都不記得了，前者是很好的文言文，後者是四言韻文，前者講中國史，後者講的是世界地理。說來眞有點難以置信，我至今還淸楚的記得《讀史論略》論漢光武帝的幾句話：「其恢廓大度，同乎高祖，而能始終保全功臣，則又過之。」每天放學後，我都直奔祖母的上房，背誦一天所學的課業，並加解釋。祖母是準備好果餌的，這種樂趣，至今提及，仍令人神往。

先師是自學出身，沒聽說應過科舉，但我知道沒有功名的，詩文楹聯，都頗負時譽，工篆刻，當年，我就看到他老人家常讀《說文解字》，主要是學習篆書，在講授課文時，曾否用到許學，那是一點印象也沒有了。先父早年，就長年訂閱上海《申報》、商務印書館出版的《東方雜誌》等類書刊，直到我高中畢業，到南京就讀後，才停掉，這對我的視野，是有裨助的。等我稍長，先師又教我算術、博物這類課程，初級小學的課程，全都是在家塾裡，由先師課讀的。進入高級小學後，一切駕輕就熟，記得兩年總平均成績，是九十九分，眞應了「小時了了」那句話，下面那句，就有點不好意思講了。

中學六年的情形，大致上在上章裡提到一些了，現在要補充的，是除了國文之外，其他各科的學習情形。從三歲啓蒙，到高中畢業，十四年間，先師對我學習的進度，並不苛求，但因他老人家循循善誘，在國文方面，是奠定了一點基礎的。現在讓我講一段故事，高中一年級時，國文老師，是一位飽學之士，聽說在湖南大學中文系任教過，這位老師姓李，諱繼煌，第一堂作文，命題爲〈性近習遠說〉，是帶回家作的，我的作品，當然經笙陔先師精心改過，可是原稿是我自己作的，先師只爲我改易了幾個關鍵性的虛字和語尾詞，幾天後，在課堂上，李師發作業時，叫到我的名字，面色頗不好看，劈頭便問：「這是你自己作的嗎？」我告以是經家塾老師修改過的，李師說：「我現在另命一題，你就在堂上作一篇給我看。」說完，他就自顧開講課文了。下課時，我已草草完篇，當即呈交李師，他老人家匆匆閱訖，已有笑顏，很親切的問我家庭老師的姓氏，和我的學習過程，此後三年，李師對我，都是愛護有加的。說也眞巧，三年後，我投考國立中央大學，作文題目，竟是一字不差的〈性近習遠說〉。大概因爲那篇作文，使我挨過李師的訓斥，印象特深，我竟從頭到尾，全背誦得出來，也就一字不改的，原文照錄，文章是這樣開頭的：「古之言性者多矣：有謂性善者，有謂性惡者，有謂性善惡混者。性而果善乎？何以桀紂之終不改也；性而果惡乎？何以堯舜之不待教而善也；性而善惡果混乎？何以有舜、象、周公、管、蔡之不齊也。故曰，此皆舉其一而遺其他者也，惟夫子之言曰：『性相近也，習相遠也』，此二語者，庶足以盡言性之道矣。」現在看來，這確是一段頗不錯的破題和起講。我當年是在武昌報考的，中文系在武昌應考的考生中，錄取了兩名，聽說其中一名，國文得了高分，我想可能是我吧。當年我還報考了國立北京大學，我希望能上北大，這當然是受了五四運動的影響。中央大學，我考得並不理想，我知道國文是可以過關的，但其他科目，考得都不及考北大的成績，因此我仍盼能上北大，但後來卻失望了。考北大的失敗，一定是國文這一科，作文題目不記得了，但令我觸目驚心的，是作文題目下，有八個大字：「限作白話，文言不閱。」當時，我眞想請教適之先生，這「不閱」二字，是白話嗎？那是我生平第一篇白話文，大該是百分之百的改組派的「三寸金蓮」，其醜可知，我記下這一段小插曲，只不過想說明，任何一個革命家，都不免有所蔽的，文學難道眞有死活之分嗎？

至今，一般高中普通科的課程，仍以國文、英文、數學爲主，這種設計是很合理的，以後上大學時，不管主修那一學門，這三科，都是基礎。我在內地上中學，外國語是最弱的一環。我記得初中一年級，英文的啓蒙老師，姓黃，名字我也清楚的記得，我想，還是保留的好。他是我鄰縣桃源縣人，湖南的方言很紛歧，桃源的方言，有一股頗爲怪異的腔調，當時，同學間常以模仿桃源口音作笑料，方言本無好壞，這只是小孩子的頑皮，覺得桃源口音，和普通話差異較大而已。黃老師教英語，有時會出現桃源腔，我作這記述，決無意取笑老師，只是想說明一點，當時我們只是學「英文」，決談不到學「英語」。這種學習方式，中學六年，維持了五年半，直到高中三年級下學期，換了一位好老師，是上海聖約翰大學外文系畢業的，我們只覺得他的發音，眞像外國人了，可是他對我們根深柢固的錯誤音讀，已難以完全改正，只努力加強我們閱讀和寫作的訓練。當年考大學，英文是要作文的，記得在那一個學期裡，我背誦了近二十篇短篇英文選，也有近十篇的習作，這對我們應付考試的能力，是大有裨助的。記得大學二年級時，有一門外文系的語文課，是必修，我的上一班的學長，大概全沒過關，和我們這班，一同讀這門課，大概近二十人，唯一例外，是周法高，他南京中學畢業，英文程度較好，是以外文系爲輔系，沒修此課。每週大概是三小時，每逢走進教室，眞如大難臨頭，中文系的同學，絕大多數都蹺課了，只有我和少數四、五位，加上外系的同學，上課的約莫二十來人。任課的是一位女老師，混血種，每次上課，當堂發下一二十頁新教材，先是隨意指定幾位同學，輪流朗誦一兩段，沒過兩週，被點名起立誦讀的，就以我和另一位教育系的女同學賈君機會爲最多了。說也眞巧，賈君正是桃源人，我呢，是桃源英語老師的學生。一學期完了，考試時，五道題，我就憑我背誦的能力，有三題的教材，全背得出來，另兩題就只能草草了事了，我交了頭卷，趕緊要離開，被老師叫住，說：「慢點走，讓我看看你的答案。」兩三分鐘之後，頗爲嘉慰的說：「有三題你答得不錯啊，另兩題爲甚麼不好好的作答？」我只得據實以告，她提起筆來，批了一個六十八分，揮揮手讓我走了。後來我知道，中文系只有四位及格，第一名是梁璆，女生，北平貝滿女中畢業，這學校的學生，英文程度好是有名的，她得了七十一分，至於那位賈君，我就不知道了。寒假中，系中學長們，聯名寫了一封信給校長，請求將此課改爲選修，通過了，我如逢大赦，連那到手的三個學分也放棄了。

至於數學，我在高中時，學得還算不錯，三角和解析幾何，都考高分，只因初中時多病，小代數和平面幾何，基礎太差，記得高中時，大代數的考試，我竟然運氣不壞，考得很好，發成績時，鄧老師說：「李孝定！你這次怎麼考得那麼好，但你平時成績不好，我仍然只給八十分。」

又說：「張有恆！你這次怎麼搞的，不過我仍然給你滿分。」高中畢業時，張是第一名，我名列第二。張後來考上了清華大學。

我詳細記述中學時代的學習過程，只是想說明奠基的工作多麼重要，假如當年在通都大邑上中學，可能這一生的發展，會完全改觀，記得上高中時，我對生物學，是有很高的興趣的。先師笙陔先生，一直教到我高中畢業爲止，也因爲他老人家的循循善誘，使我走上今天在學術上的這個領域，雖然談不到有何成就，但大概可說，在人生的道路上，沒有完全交白卷，我是應該深深的感謝他老人家的。

2　大學階段——南京國立中央大學中文系

上節提到，投考北京大學，未獲錄取，當時有點失望，可是，現在想起來，考上了中央大學中文系，眞是我的幸運。在中學階段，對學術的分野，只具有模糊的概念，以後要走那條路，也不能確定，只知道先上中文系，大概是錯不了的。在當時國內各大學中文系的學風，大體上可分南北兩派，南派偏於辭章和義理，北派偏於考據，這只是就自己淺薄的常識的認定。北派當然首推北京大學，這當然是因爲五四運動的領導層，多數出身於此校有關。南派，我比較嚮往中央大學，中大中文系，師資陣容堅強，小學有黃季剛先生，義理有王伯沆先生，純文學、尤其是辭章，如吳瞿安先生、胡小石先生、汪辟疆先生、汪旭初先生等，眞可說濟濟多士，而且在國內，也都是頂尖的人物。直到在中大中文系唸了四年，才感到我生何幸！現在就記憶所及，拉雜的記下一些往事。

一九三五年八月，赴南京國立中央大學就讀，南京是南朝的舊都，更重要的，是中華民國的首都。在家鄉時，覺得常德物阜民豐，是湖南首縣，遠非他縣可比。前兩個月，武昌報考大學，登黃鶴樓，俯覽武漢三鎭，氣象萬千。這次從漢口乘江輪，到下關，首先映入眼簾的，是古色古香，巍峨壯觀的石頭城，給人的感受，比起武漢三鎭來，又自不同了。那時，我五舅父張眞夫先生，在南京供職，當時似乎是憲兵第一團團長。船靠碼頭，一切有他老人家派人照料，先到楊公井他家住了幾天，這已是一甲子前的往事，細節卻是完全想不起來了。

中央大學在城內成賢街，北極閣山下，山上有名的雞鳴寺。宿舍在校東文昌橋，分北、東、南三舍，一年級生住南舍，四人一間，二年級住東舍，兩人一間。東舍我二年級時住過，北舍是三、四年級共用，輪到我要往北舍搬時，驚天動地的日寇侵華事件發生了，這在我國近代史上是大事，在我個人求學的歷程，自然產生深遠的影響。大學三年級時，抗日戰爭，正進行得如火如荼，全國版圖，只剩下了西南半壁，全國重要機關學校，都往西部播遷，我校隨政府入川，那時重慶成爲陪都，中央大學就在重慶西邊嘉陵江畔的沙坪壩，向重慶大學借用了一座小山頭，山頂上，蓋了比較堅固的幾幢房舍，作圖書館和全校辦公中心。山頭上，長滿了不很高大的針葉樹，大家都稱松林坡，但我看不大像松樹。圍繞著山頭，蓋滿了一大片竹籬茅舍，充爲我們教室和宿舍。說竹籬，是不大恰當的，編竹爲牆，塗上黃土，再加白堊，樑柱都是細細的小木材，當時即令重慶城裡，這種房子，也不在少數，還有兩三層樓房的呢。反正一切因陋就簡，重要的是絃歌不絕！這筆賬，不管怎麼說，是日寇造的孽，後來，我們竟然以德報怨，謀國者可能有其苦衷，老百姓就只有認命了。

對日抗戰開始，所有公私機關，工廠機器設備，一時之間，蜂湧西撤。交通工具，是極度缺乏的，許多公務人員，流亡學生，都是帶著乾糧，餐風宿露，徒步西行，就連中大農學院畜牧系的幾十頭乳牛，花了好幾個月，眞是牛步遲遲的，從南京走到了成都，這種萬衆一心，禦侮圖強的精神，正是今天立國的最大憑藉。可是抗戰八年，軍民同胞直接間接死於日寇之手的，以千萬計，今天日本的執政者，還只說「深切省思」，日本人眞是一個缺乏道德勇氣的民族！

我在中大的前兩年，是在南京度過的，那時日寇圖我日亟，東北已淪敵手，華北已有了風聲鶴唳之象，長江流域卻還顯得安定。我當時十七歲剛過一些，對世局，可說懵懂無知，初到一個新環境，又有那麼多心儀已久的名師，眞感到躊躇滿志。

上課的情形，自然無法細述，現在記幾樁可供談助的。那時中文系的課程，和目下臺灣各大學中文系，並無大異，這只是就我所知的而言，據說有些中文系，各有所重，有的偏重語言學，有的偏重新文學，非我所知，姑不具論。不過也有些許不同，三十多年前，我在臺灣大學教文字學，是二年級的課；六十年前，我在中央大學中文系作學生，文字學卻是開在一年級的，不然，下面幾則小故事，我就無緣親耳聽到了。文字學這門課，正是鼎鼎大名的黃季剛先生主講。先生單諱一個侃字，湖北蘄春人。第一堂課，先生講了些甚麼，老實說，當時的印象，就很模糊，早就震於先生的盛名，初次瞻仰，只覺威儀萬千，不敢逼視。當時座位，是排定了的，我就在緊靠講臺的第一個位子，和老師的座位，在咫尺之間。先生就座後，先駕起二郎腿，老花眼鏡，滑到了鼻子尖，兩眼從鏡框上沿，向前瞪視，在我的記憶中，至少十多二十分鐘，沒改變過姿勢。我當然知道，老師並非瞪著我，可是在他老人家威嚴的眼神之下，我就只能正襟危坐，眼觀鼻、鼻觀心，大氣兒也不敢喘一聲。第二堂以後，漸漸習慣了，這才聽清楚了老師講了些甚麼。開學大概是陰曆七月底八月初了，季剛先生是重陽節持螯賞菊，喝多了酒，胃大量出血，好像就在當天遽歸道山了的，先後只上了一個月稍多幾天的課，記憶中，似乎很少談到文字學。但有幾句話，印象深刻，至今記憶猶新。「你們想在課堂上，跟我學點甚麼，是學不到的，眞想學，就到我家磕頭拜師去！」我當時涼了半截，心想，像我這種不成材的學生，會有這麼好的運氣嗎？「羅家倫（當時中大校長）要惹惱了我，我就在中央大學的對面，開一間黃氏家塾，看你們是上我的私塾，還是上中央大學？」堂下自然是鴉雀無聲。此外，季剛先生愛罵人，挨罵最多的，是胡適之先生，據說，只要胡先生南來，季剛先生一定他往，來個參商不相見。季剛先生對北派學者，亦頗不假辭色，「他們著的書，比讀的書多，我是早就決定了的，不過五十歲，決不輕言著述。」季剛先生逝世那年，應該是五十二歲，這眞是學術界最大的損失！

還有一點值得一提的，是和我現在主修科目古文字資料有關的故事，這雖然只是得自傳聞，但看來大致不假。季剛先生是淸末民初樸學大師章太炎先生的入室弟子，章先生有言，金文雖是第一手的地下資料，可是眞贋難分，爲愼重計，最好不用，至於甲骨片，那純然是推背圖、燒餅歌一類的東西而已。這種見解，是學術界所熟知的。據說：章先生六十大壽時，季剛先生送了一份賀禮，當面說明：「請老師等客人走後再拆封。」這在當時，自然引起了許多人的注意，後來經好事者打聽，那份壽禮，竟是羅振玉編印的《殷虛書契前編》，這在當時，是甲骨文字著錄的精品，訂價極高，似乎要二百四十個袁大頭，要非季剛先生認可了這種資料的可信，決不至於花那麼昂貴的代價，和老師開那麼大一個玩笑的。這則故事，我當然無由證實，但即令是杜撰的，也恰如其份的，代表了當時學術界新舊兩派意見的分野和轉變，是很具正面意義的。

王伯沆先生，單諱一個瀣字，二年級時，聽老師講論孟擧要，實在是包括了儒家思想的全部。詩文並皆高妙，卻從不以此自矜。第二學期就因中風，不能繼續講學，由潘重規先生代授。抗戰軍興，先生因病留京，後生小子，自然再也無由親炙了。

汪辟疆先生，號方湖，講授目錄學和詩選，上課時，天南地北，無所不談，時多精粹的意見，我因學無根柢，聽詩選時，還能偶有會心；至於辨章學術，考鏡源流的目錄學，卻常有望洋向若之嘆。記得當時學校有軍訓課，規定每一位老師走進講堂時，要由一名同學叫口令敬禮，方湖師上第一堂課時，是我值日，我高呼：「立正！敬禮！」方湖師好像臉上眞的有點變色，笑笑說：「以後千萬不要這樣，剛纔嚇了我一跳呢！」隨即他老人家說起故事來了。方湖師是北京大學前身京師大學堂畢業的，當時的學生，多數是王公大臣的子弟，方湖師說：「你們現在如此多禮，想當年我上京師大學堂時，體操老師點名，是要叫『汪辟疆老爺』的。」聽得我們鬨堂大笑，方湖師認眞的說：「笑甚麼，是眞的。」這說明了當時重文輕武的風習，體操老師例由低級軍官轉任的。

上面提到過，因幼年多病，養成了不用功的習慣，國學基礎貧乏，經學方面，只背誦過《左傳》和《孟子》，還有部分的《論語》和《詩經》，而且只是記誦白文，注疏方面，少有致力，小學方面，是毫無根柢的。當年少不更事，對自己的才具和性格，從無正確的評估，卻頗有用世之志，在高中時，史漢的本紀列傳，讀了不少，《通鑑》是從頭至尾點讀一遍的，主要目的在「資治」二字，文辭自然也是我所深喜，後來才知道自己，志大才疏，太史公在〈魏其武安侯列傳〉裡的灌夫，活脫是我的寫照，假如當年眞莽莽撞撞的投身官場，一定早已索我於枯魚之肆了。這野馬跑遠了，我是說以我當年那點國學基礎，倖列名師之門，受學的條件是遠不夠的。因之，在中大中文系四年裡，我受益最多的，是吳瞿安和胡小石兩位老師，二老知道我所知有限，循循善誘，那讓我眞的接觸了治學的門徑。

小石先生諱光煒，浙江嘉興人。我從受文學史、《楚辭》、甲骨文例三課，文學是小石先生獨擅勝場的專業，但講《楚辭》獨重名物、訓詁，和語法文例的辨析，對段注《說文》和王氏父子之學，尤再三致意。記得《楚辭》課，我呈交一篇〈離騷文例〉，頗蒙首肯，批語是：「析例入微，用心如髮，可與言俞、王之學矣。」這雖獎借過當之詞，卻正確的指示了治學的門徑，好的老師並不能將他的學問，傾囊相授，但好的治學方法，和開明的治學態度，卻常能令學生終身受用，我感戴小石先生的，正是這方面的教誨。甲骨文這門課，就以先生所著〈甲骨文例〉一文爲講義，只是發起例的工作，但其貢獻，也正在此。更可貴的，在當年中央大學中文系的學術氛圍裡，開這種課，雖不一定會驚世駭俗，卻顯然有點曲高和寡。記得此課是選修，選讀的人甚少，我接觸這門學問，是從這裡開始的，課程內容，雖不很深入，小石先生影響學生的，毋寧是他開朗的胸襟，和不故步自封的精神。

瞿安先生，單諱一個梅字，是當時全國知名的曲學泰斗。小小的個子，嗓子有點嘶啞，他老人家告訴我們，是早年教唱崑曲的結果。所開課程是曲選，課堂上所講的，雜劇、傳奇，無所不包，更注重習作。記得年終考試時，我所呈交的是〈木蘭從軍雜劇〉四折，除了二十多支曲子，一切賓白科諢，無不俱全，上場詩我還記得：「亂樹荒烟噪晚鴉，邊聲陣陣起悲笳，只緣天子征胡急，那顧流離百姓家！」是一位奉命點兵的差官的口氣。瞿安先生從頭至尾，逐字逐句，細批細改，比如說原文平仄亦調，文義也順，他爲甚麼要改成這個字；一本卷子，批改得朱墨爛然，只可惜那時是民國二十六年六月，放假返湘後，日寇侵華戰爭開始，再回南京，已是九年以後，不然，就憑先生蠅頭小楷的批改，也可傳之子孫的。

不止一次聽先生說：「人家都說我的曲子，獨步當時，其實我的詞比曲好，詩又比詞好。」我們聽了，都發出會心的微笑，說他老人家是詩、詞、曲三絕，是一點也沒有誇飾的。

在講授之餘，瞿安先生發起組織潛社，爲文酒之會，一月以一次爲度，參加的同學，手頭寬裕一點的，每次交大洋一元，不然量力而爲，甚至不交錢也可以。每次都到夫子廟的大酒樓聚餐，供張精美，消費總在十二三元銀元，每次瞿安先生總要付出五六個袁大頭。一到餐館，先點一支長長的線香，大概可以燃燒兩小時光景。這種聚會，以塡詞居多，間亦作詩，先由瞿安先生宣布詞牌，或是分韻，等線香點完，大家交卷，未能完卷的，可以事後補交，先生則即席批改，也出示所作。滙刊爲《潛社詞刊》一種，現在都成廣陵散了。

大學的後兩年，是在重慶沙坪壩度過的。重慶在長江和嘉陵江交滙處，是一座山城，城中心到江邊，水枯時有三百多級的高坡。沙坪壩在嘉陵江上游，距重慶約十餘公里，這一帶山石都很堅硬，抗戰時，炸鑿成防空洞，重磅的炸彈也炸不塌，可是也發生過大災難。有一次，敵機來犯，一次一兩架，我們的空軍，和日寇強弱懸殊，幾無防空能力，全憑高射砲是不管用的。敵人肆無忌憚，常常實施疲勞轟炸，三兩架成一批，間歇一二十分、半小時，再來一批，歷時常達十數小時，空襲警報一直不能解除，在防空洞避難的人，呆久了，裡面通風設備不良，大家急著向外逃，不料將向裡開的大欄柵，擠得關上了，那次據說悶死了兩三千人，前一天，我還在這個洞裡避過難的，眞是死生一髮。

在大學四年裡，對自己的生涯，沒能好好的規劃。總抱著不實際的用世之想，因此在課程的選修上，儘量求其廣泛。中大實行輔系制，除了主修的必須讀滿若干學分外，外系讀滿大概三十學分，就可算作輔系，當年除了中文系是我的主修外，在歷史和哲學兩系，修讀的學分，都達到了作爲輔系的要求。現在想來，這種不切實際的規劃，對於我的專業訓練，是有負面的影響的。

在中大畢業那年，是一九三九年（民國二十八年），日寇侵華正亟，不但各前線軍事吃緊，更挾其優勢空軍，對我後方，大肆瘋狂轟炸，學校的儀器設備，重要圖書，都裝箱送進了防空洞。因之，學校宣布，本年應屆畢業生，不必寫畢業論文了，但不知爲了甚麼原因，在學年結束之前，大概只差一個月多一點了，忽然改變主意，宣布仍要繳論文。這下子，同學們慌了手脚了，要在如此迫促的時間內，寫出一篇勉可塞責論文，確非易事。中文系的課程，涉及中國文化的層面，原就非常廣泛，每一專題，在文化史上，都有很長遠的淵源，都不是短時間能理出一點頭緒的，於是決定在甲骨學的範圍裡找題目。理由很簡單，這批學術上的重要資料，被學術界發現和整理，是一八九九年才開始的，隔當時剛滿四十年，雖然研究者風起雲湧，但有關文獻畢竟不多，而且草萊初闢，許多研究見解，瑕瑜互見，就連我這初出茅廬的小子，也頗有置喙的能力，於是和小石先生商定，題目是《商承祚：殷虛文字類編補》。商君是羅振玉的學生，《殷虛文字類編》是第一或者第二部甲骨文字典，所收大概有七百九十多個字，而且只取羅振玉和王國維兩家的解釋，出版於民國三十四年，四年之間，新說法不算很多，加上舊說爲商氏所不採，以及我自己不成熟的鄙見，彙集成篇，一個月的時間，是綽綽有餘了。誰知就這麼樣一篇羞於示人的急就章，竟決定了我一生的工作方向。

當時，我仍想改攻史學，尤其是近代史，而急就章的性質是古文字學，不能報考史學研究所。中央大學文學院，那時還沒有任何一系設有研究所，只有當時搬遷到雲南昆明的西南聯合大學，有這方面的高級學位課程。同班周法高兄，當年就考取了北京大學文科研究所，從羅常培先生治古聲韻學。我打算等第二年改寫一篇有關史學的論文，再行報考。寫到這裡，還有一段小插曲，值得一提，這雖是小事一樁，對我而言，卻可能影響我一生的志業。上面提到我的畢業論文，是小石師指導撰寫的，恰好那時中文系有助教缺，承小石師眷顧，向當時任系主任的方湖師推薦，也獲首肯，這在當時，是天上掉下來的好機會；但我志在升學，加之剛出資的幾位前任助教，服務年資竟有長達十五年之久的，少的也是七八年，此一事實，也令人望而生畏，只得辜負二老的垂愛，婉謝了。

對年，敵寇全面加緊進攻，黃河流域，幾乎全部淪陷，長江流域，豫、皖、湘、鄂，已見敵騎，日後發生慘烈焦土抗戰的衡陽、長沙、常德大會戰，都將陸續上演。那時，大姊燕娥，已和姊夫張禮思君結褵四年，張君是陸軍官校第八期畢業，學砲兵，那時正轉戰洛陽、開封一帶，職位大概是砲兵連長。大姊攜兩女，和母親同住花巖溪李家大屋。三姊梅青，就讀重慶大學體育科。

在重慶，兵慌馬亂中，母親偕大姊一家，避居湘西芷江鄉下，這個選擇，不是偶然的決定。我五舅張鎮，當時任憲兵副司令，駐節芷江，母親西遷，當然是尋求他老人家的庇蔭的。

我在畢業考過後，一切從簡，學校也沒有舉行畢業典禮，學士禮服袍帽，更見都沒見過。摒擋一切，取道川湘公路，返回芷江省母。抗戰時，物資缺乏到極點，汽油，有錢也無處買，坐的是燒木炭的汽車。記得一次上坡時熄了火，年輕力壯的，下來推車，我用右手抓住司機座門上的把手，其他的人在車後推，轟隆一聲，車發動了，當時上一個陡坡，司機不能煞車，車後推的人，撒了手，我單手掛在車門上，不敢放，一放，不成輪下寃魂，也會摔個半死，旁觀的人，都捏了一把冷汗，所幸我臂力過人，就那麼掛著上了坡頂。一路上，看到不少摔落深谷的各種汽車，眞是觸目驚心！

當時，交通工具奇缺，就木炭車也一票難求，司機帶黃魚（出高價附載的客人），是司空見慣的。開軍車燒汽油的，更神氣了，汽油價比黃金，在當時，司機這一行，眞比今日的金牛、民代還威風，每到一站，都有小公館，嬌妻美妾成群伺候，客人們要仰其鼻息，那是更不在話下了。

這次回到芷江，就在湘黔公路邊兒上，租了兩間小木屋，每間都有一層閣樓，可以開鋪睡人，也算一樓一底了。母親帶著一位女傭，另外一名婢女，就是前文說過的領養的棄嬰，那時她已長得亭亭玉立，是十七八歲的大姑娘了。大姊帶著三個孩子，兩個奶媽，還有她的大姑子張禮新，也是我的表姊：大姊和姊夫，是姑表親，湘俗稱扁擔婚，不過她和姊夫，是沒有血緣關係的。

湘西民風強悍，盜賊如毛，不過我們的房東，是當時號稱湘西王陳渠珍手下的大將，他向我們拍胸脯保證過，倒眞是秋毫無犯，夜不閉戶。

芷江已是湘西靠近貴州的小縣，住在郊區，更是窮鄉僻壤，自然沒有消閒生活。我手邊帶了四種書：《昭明文選》、《古文觀止》、《古文辭類纂》和《唐宋十大家尺牘》，無事可作，每天就是朗誦這些「死」文學的範本，半年之間，足足背誦了一百二十篇古文。這是村學究教學的不二法門，還眞管用，當時和同學通信，有一位季聯芳回信，大爲驚訝，他說：「士別三日，當刮目相看！」這位季君，平日寫信作文，都愛用隸古定，當時讀他的信，還眞要用猜的呢。

鄉居半年後，在民國二十九年年初，又束裝赴渝（重慶），準備另寫論文，而日寇空襲如故，圖書館的藏書深扃固鐍如故，不得已，只好以上年的急就章，試投北京大學文科研究所，不久竟獲通知，剋日到重慶兩路口巴縣中學內，找當時供職中宣部的傅孟博先生處應試。屆時前往，孟博先生親切接待，如家人子弟，泡了清茶一杯，窗明几淨的屋子裡，桌上已擺好三份考題，記得是中英作文各一篇，這還好應付，另一份是一段金文銘文摹寫本，大約百字左右，是件玉磨器物，不記得了。考試的方法是：(1)隸定全文，(2)句讀，(3)特別圈出來的若干字，詳作考釋。老實說，現在要如此測驗，我也未必能及格，大概是祖上有德，不久，接到校方通知，竟獲錄取了。通知書後方，附了兩行文字，大意是日寇正從緬甸北攻，滇緬邊區，風雲緊急，請暫留重慶，等候第二次通知。那時年輕貪玩，學校既有了著落，又是奉命等候，頓時玩得天昏地暗，也玩得心安理得。

3 初謁傅孟眞先生

在報考北大文科研究所，和等候所方第二次通知期間，時間是很長的，實際上也並沒有甚麼「後命」，這是下文就要交待的。在這段賦閒的時日裡，我就在四年級所住第一宿舍的中間甬道裡，擺了一付簡單的竹床，解決了住的問題。甬道的兩旁，擺滿了成排的上下層的木床，是在籍的同學住的，整間第一宿舍，大概住兩百一二十人，我是非法居留，可是全都是極熟的朋友，誰也不問，學校也就不管。我說玩得天昏地暗，說眞個的，是有點危言聳聽，只不過是不長進，不用功，從不去圖書館，經常在籃球場、沙坪壩的茶館裡打發時間。那時的茶館，是四川的特有文化，只要有一間大廳，擺上可以摺疊的竹製躺椅，二三十張不等，酌量放十來個茶几，然後，一碗沱茶（雲南特製的圓形茶磚），一碗菊花，或是一碗玻璃（白開水），呼朋引類的，這麼一躺，一擺龍門陣（川語談天之意），就是幾小時。也有在那兒打橋牌的，時間就更好打發了。在籍的同學，是有伙食團的，我通常是一碗牛肉麵，就解決了民生問題，偶爾，也邀三五知己，上個小館子，那是打牙祭，張乃香同學的打油詩：「牛肉頻呼再，香腸不厭多」，蓋紀實也。

重慶城裡，我有兩家親戚，一是我舅父張鎭先生，那時他好像已升任憲兵司令，人很方正，私生活極嚴謹，我偶爾住他家，他也查問我的日常生活，當然知道我在等候入學通知，不用功，倒沒有蕩閒逾檢的行爲，也就不甚督責了；另一家，是我大表姊張禮靜，表姊夫李欽瑞，任職中宣部攝影科長，從他那兒，又認識了一批朋友，如魏景蒙、朱撫松輩，當時大概都是中宣部科長，後來在官場頗得意的。他們都比我年長了近十歲，不是從小的朋友，後來就沒有怎麼來往。中宣部下，設有電影製片廠，是演藝圈的朋友，年齡較接近，偶爾在一塊兒打麻將，大表姊和表姊夫自然也是參加的，而且經常是在她家玩，這是我不敢告訴我舅父的。

記不清接到北大文科所錄取通知，是民國二十九年幾月，大概至少等了十個月，仍杳無音訊，直到三十年三、四月間，看報得知傅斯年先生已到達重慶，他是去開國民參政會的。當時的參政員，是政府執政當局從各行各業的領袖人物、和社會賢達中，遴選組成的，當然沒有民意基礎，人數少，也遠不如現在的民意代表囂張。但因每一成員，素質高，多負一時重望，因之，往往一言九鼎，極受國人肯定，孟眞先生又是士林共仰的泰山北斗。他們有許多並非國民黨員，當時黨禁未開，更無這黨那黨的支持，發言盈廷，各抒己見，卻往往能達到衆議僉同的結果。不像現在，溝通、串連、杯葛、表決、退席，一連串動作之後，所達成的，往往是議事癱瘓。何以故？有私、無私之別耳！寫到這裡，擲筆興歎，民主民主，天下至醜至惡之事，皆假汝之美名以行之！老子說：「聖人不死，大盜不止。」原來，當今的毛病，是聖人太多了。

孟眞先生當時擔任中央研究院歷史語言研究所所長，史語所其時在四川長江上游南溪縣李莊鎭，又兼任北京大學文科研究所所長。參政員是執政當局徵召，奔走於川滇之間，席不暇暖。見報後，我立即趕到重慶上淸寺中研院總辦事處孟眞先生下榻之處請謁。見面第一句話：「你是誰？來訪何事？」我告以故，並說：「等了近一年了，校方迄無後命。」先生聞言，出乎意外的，哈哈大笑說：「此北京大學之所以爲北京大學也！」這裡我用引號，是一字未易的原文。先生以北大校友、文科所所長，面對文科所新生所提出的這個問題，照常理是應該頗爲尷尬的，他竟匪夷所思，作了如此的答覆，好像是理所當然，天經地義的事，那種天眞率性的赤子之心，竟有莫大的說服力。當笑容還留在我嘴角時，先生又說話了：「不必再等了，有兩條，你自己決定：要看第一手資料，利用豐富的藏書，你就去李莊。想聽聽較多好老師的講授，就去昆明。」我立即說：「去李莊。」許多重要的事，就此片言而決。以前久仰先生之名，只知他博學卓識，有擔當有魄力，卻沒有想到他竟如此嫵媚可愛！

就在謁見孟眞師之後不久，我摒擋行囊，趕赴長江上游的李莊鎭史語所，以北大文科所新生身份，在那兒借讀，這在下文將有交待。記不淸是在勝利復員之前的那一年，反正是民國三十年五月之後到三十五年復員之前，孟眞師在重慶市的某雜誌，發表了一篇雄文，題爲〈這樣子的宋子文，非走開不可了〉，眞眞的轟傳一時，洛陽紙貴。宋那時任行政院長，是左派人士攻訐的主要目標，孟眞師雖非左派，卻說了公道話，言人之不敢言，卻是人人之所欲言，文章發表不久，宋眞的離開了行政院，這是當時人人稱快的大新聞。宋當時不過是行政院長，因不容於淸議，丟了紗帽；反觀現在的最高當局，其動見觀瞻的地位，遠比行政院長重要，但所言所行，出爾反爾，現在卻再也找不到一位衆流共仰的孟眞先生，站出來攘臂高呼：「這樣子的爛政客，還應該讓他再出來競選嗎？」那眞可以爲天地存正氣、爲人間留誠信！現在竟再也找不到這麼一位仗義敢言的人了，區區小子，說了也是白說，這眞是時代的悲劇！言念及此，不禁擲筆三歎。

4　北大文科研究所

民國三十年五月，從重慶上溯長江上游的宜賓，亦稱敘府，四川天府之國，人文薈萃，敘府是府治，很繁榮，偏遠省分的省會也趕不上。可能在那兒停了一晚，翌日，又改乘小火輪東下，大概一小時的航程，到了李莊。莊以李名，居民卻是以張姓居多。史語所，在鎮西五里的栗峰，俗板栗坳，是富庶的山村，一列租了幾戶張家大院，從山下上來，第一家，當地人稱田邊上，第二間是財門口，第三間是排坊頭，往西是戲樓院，是每逢喜慶唱戲宴客的所在，這四間都是毗連的。再往西幾十步，又有一處宅院，當地人怎麼稱呼它，忘了。田邊上的原住戶，騰空全部出租，是最大的一間，中、西文圖書館，設在第一進和第二進的全部大廳，其餘，留作研究室和單身宿舍，我就在第二進的西廂，這是稍後才搬去住的，剛到時，住在第一進西偏小矮屋，逼窄得很。財門口全住眷屬。排坊頭，房子也很大，房東留用了一小部分，其餘供作禮堂、餐廳、和眷宅。

戲樓院都是研究室，我和彥堂先生，共用戲樓，高去尋先生在西廂。善本書庫，設在最西邊宅院裡，陳槃庵、張政烺諸先生的研究室，都在那兒。這是當時大致的情形，自然還有不少細節，未能細表。

到達歷史語言研究所，第一個要謁見的人，是董作賓彥堂先生，史語所的代理所長、孟眞先生指定的我在北大文科所的論文導師。先生河南人，北大文科所的老前輩，李濟之先生主持安陽發掘時，最重要的參加者。早年以〈甲骨文斷代研究例〉一文，爲學術界所推重，是繼王靜安先生〈殷先公先王考〉、〈殷先公先王續考〉二文之後，甲骨學界的重要文獻，它奠定並落實了殷商史和甲骨文的基本架構，也指導了此學的研究，垂數十年。

彥堂先生覺得甲骨文的文字學研究，在文字學和古史學的研究上，都是極重要的基礎，商承祚和王襄兩氏的《殷虛文字類編》和《簠室殷契類纂》，都不大夠用了，建議我作甲骨文字集釋的工作，我對此已稍具基礎，當時就這麼決定了。

用兩年前的急就章，考上了北大文科所，對早年不切實際的用世之志，早已棄之腦後，這當然也是稍稍成熟，對自己的性向，有了較淸楚的認識之後所作的改變，這改變也可說夠大的了。

既然決定了要改寫古文字學的論文，我知道首先要加強自己文字學的知識。我文字學的啓蒙師是黃季剛先生，但因歷時過短，其蒙如故。接替季剛先生，續教我們文字學一年課程的，是汪旭初先生，旭初先生單諱一個東字，是章門弟子中的文學一科，以詩詞勝，當年他怎麼個教法，我不甚記得了，只知道我的學年成績是七十分，據說還算滿高的，不過我自知甚明，對文字學，實在還沒入門，當時行篋中，攜有《說文解字詁林》一部，是初版線裝本，印刷精美，但此書雖是好的參考書，卻不能讓初學的人作讀本，於是另買了一部木刻《皇清經解》本《段注說文解字》，從頭圈點，也將《詁林》攤開並陳，遇有疑義，則兼採諸大家並讀之。這麼過了一年，文字學算是有些根基了。再將研治諸家考釋甲骨文字之作，以毛邊紙錄成箋條，彥堂師將自藏朱芳圃《甲骨學文字篇》借我，將所作箋條盡行黏貼其上，天地圖中，也朱墨爛然，批注殆滿。如此又一年，那本文字篇，增厚何止倍屣，第三年纔開始撰寫《甲骨文字集釋》，又一年而成書。這三年中，師徒二人，據大門板擺成桌子的兩邊，就在戲樓院的戲樓上，唱了三年戲，我的戲碼，剛才說過了，彥堂先生是京朝名角，唱的是大軸，戲碼是《殷曆譜》，這可算學術界的一段小掌故，當然，我是附驥尾、跑龍套的罷了。

我在北大的另一位導師，是唐立庵先生，單諱一個蘭字。我少不更事，在《集釋》中，對立庵先生考釋文字的說法，頗提了些不盡相同的意見，其實後來我對歷代文字資料，作系統的整理時，從立庵先生所著《古文字學導論》一書中，獲益匪淺的。

論文通過，是三十三年。聽說在昆明上學的，還經過畢業考，同我一樣，在李莊自修的，也舉行了畢業考，唯獨我一人免了。「此北京大學之所以為北京大學也！」先別高興，也許我這碩士學位是冒牌貨，見不得人的，也未可知。但孟真先生是認可了的，論文通過後，立即聘我為史語所考古組助理研究員，至此，我的求學階段，告一段落，以後就脫離了學生身份，成爲起碼的研究人員了。

六 就業

（甲） 史語所考古組助理研究員

這個職位的聘書，是從民國三十三年七月一日起生效，從此不再是學生。因爲工作環境，依然如故，身份也和北大文科所的學生身份相銜接，周遭的師友，甚至我自己，都沒有查覺到有甚麼改變。

1 勝利復員

那時，第二次世界大戰的歐洲戰場，納粹德國的敗象已呈，英、美領袖，運籌帷幄，準備D

日的來臨；太平洋戰場，自從日寇偷襲珍珠港開始，其一鼓作氣的銳勢，已大不如前。就在此時，美國麥克阿瑟將軍的跳蛙戰術，已開始展布，日寇在每一條戰線上，都開始捉襟見肘，節節敗退，惶惶如喪家之犬，眞是天奪之魄。

我們這些被迫西遷的，大小公私機關團體，也慢慢有了復員的打算。史語所這個一向運作如常的學術機構，也開始有了人心浮動的跡象。

我、這個初出茅廬的後生小子，在這個大時代的潮流裡，只是懵懵懂懂的，與時浮沈，也根本沒有甚麼生涯規畫。在那個大時代裡，發生了一件微不足道的小事，可是，在我卻是影響我近二十年的大事。可能就在我應聘作助理研究員的第一年或第二年裡，覺得作此官，行此禮，旣然作了研究人員，就該有點表現，不自量力，也忽視了孟眞先生進所三年內，不得撰文的明訓，寫了一篇文章，現在眞的連題目都忘記了，貿然向史語所《集刊》投稿，不久，被退稿了，這是我生平所受最嚴重的打擊。因此造成的自卑感，壓抑了我至少十五年，這也是這十五年裡，我對工作環境，安於現狀，不求改變的唯一原因，老妻不諒，對我曾有「不長進」的苛責，知我罪我，夫復何言！此事發生在我和妻結婚前八年，我也不是刻意隱瞞，但沒有和妻提及也是事實，也就難怪她不諒解了。

到了民國三十四年，美軍向日本的廣島和長崎，投下了兩顆原子彈，日本國力，已到了油枯燈盡的地步，這是窮兵黷武者應有的報應，日本的老百姓也跟著啃食戰爭的苦果了。

德日相繼投降，我們的復員工作，緊接著動起來了。比起當年的西遷，除了少些緊張和狼狽外，艱苦似有過之。中研院遷川的機關和全部人員，以重慶爲總站，武漢三鎮才是眞正的交通樞紐，重噸位的江輪，只能到漢口，平漢、粵漢兩鐵路，均以此爲交集點，再配合因戰爭破壞殘敗的公路網，運輸量原是很可觀的，但各機關都在一時急欲東下，百廢待舉，情形就透著忙亂了。

中研院原在重慶設總辦事處，不記得當時是由誰在負責。孟眞先生派我去重慶，作爲史語所復員工作的負責人，到渝後有關業務，是和余又蓀先生聯繫的。

當時，中央研究院在四川究竟有多少機構和人員，我也不甚了了，但知道都在長江流域的大小城鎮。長江的航運情形，重慶以西水淺，多行駛千噸以下小火輪；川東到武漢，有三峽之險，但江流較深，行駛船隻噸位較大；武漢以東，幾千噸的大江輪，就暢行無阻了。以上所講的是常態，在大家爭著復員時，情況就完全不一樣了。我和余又蓀先生，每天的例行工作，是跑船公司，包租整條的小火輪，這是首要工作；其次跑航空公司碰運氣，那怕只有一個機位，也先搶到手，以應先行復員到京、滬的同仁，先到終點站，部署、修葺原有的辦公處所，以備圖書設備到達時，可以儘快運作。還有臨時從敵僞手中接收過來的機構物資，政府另有各方接收大員，不勞像我這種小人物擔心了。

這裡，我想記述一件小插曲。

忙亂了一陣子，居然租到了一艘船，公司和噸位都記不淸了，可以確知的，足夠裝得下本所的全部圖書設備。正準備簽訂租約時，孟眞先生從北平來了一封電報，大意是說，暫停租船，他已經向英國駐華大使館洽妥由英海軍撥借一艘在長江航行的驅逐艦，免費運送本所的全部古物和圖書。那時，孟眞先生正以代理北京大學校長的身份，在北平處理校務。我接電後，覺得這麼作，似乎有點不妥，立即寫了一封信，大意說，軍艦雖較安全，但外國武裝船隻，有在我國內河航行的權利，是不平等條約下的屈辱條款，「今竟用來載運我國重寶，恐爲吾師盛名之累。」信寫好後，送請當時在渝的一位所內老前輩看，他看後，稍稍猶疑了一下說：「軍艦明顯比破舊商船安全，而且這是所長的決定，你這封信還是別發罷。」我考慮的卻是國家的榮譽，仍然將那封信寄發了。幾天之後，得到覆電，完全採納我的建議，而且頗有嘉勉之詞。我記下這段小插曲，只是要證明孟眞先生的恢廓大度，能擇善固執，也能從善如流。

等辦完復員的轉運工作，我是最後一批搭乘軍用運輸機離渝飛京的，記得時間是民國三十五年十一月，同機的有勞貞一先生伉儷、和王振鐸先生等二十多人。那次坐的是螺旋槳飛機，左右各一長條銅板座椅，途中遇到強烈亂流，飛機簸動得很厲害，全機的人嘔吐狼藉，王君和我說：「你臉色好難看啊！」我報以苦笑，原來僅有的兩個沒嘔吐的，也都是面無人色了。

抵京後，住進戰前落成不久的辦公大樓，在雞鳴寺山下，四層還是五層的鋼筋混凝土大樓，綠色琉璃瓦，雖算不得巍峨壯麗，但比起九年離亂的生活，也可算天上人間了。

2　南京中央博物院籌備處

這個籌備處，原來也是設在李莊鎮上的，和史語所是近鄰，而且是通家之好。籌備處主任李濟先生，字濟之，湖北鍾祥人，也是中研院史語所考古組主任，是我的頂頭主管，哈佛大學人類學博士。中國的考古學，以前只能算是骨董階段。金文研究，雖自北宋末年，即已有之，那也只能算是古器物銘學。中國之有西法考古，還是濟之先生第一個引進的。從民國十七年，開始安陽殷虛發掘，到民國二十五年，先後十七次發掘，成果豐碩，兩萬多片甲骨，不但數量驚人，而且出土情況，紀錄完整，震驚各國考古學界。濟之先生，也因之聲譽鵲起。南京中央博物院籌備處，大概是和中央研究院歷史語言研究所，同於民國十七年，在南京成立的。抗戰軍興，也和史語所同時西遷，是否也在昆明落過脚，這段經過，我不清楚，後來卻也遷到李莊鎮上，好像辦公地址，是租的張家祠堂，一直都是濟之先生主持的。最重要的助手，是曾昭燏小姐，是曾湘鄉的嫡孫，中央大學中文系早我七年畢業的前輩，留學英國，獲考古學博士，爲人精明幹練，守正不阿，很受朋儕尊敬。到了民國三十五年底，這兩個機構，又同時復員到南京，不知甚麼原因，曾小姐對於繁劇的行政工作，有了倦勤之意，濟之先生和孟眞先生商量，要我暫時承乏，我雖自覺不能勝任，但在那種情形，又覺義不容辭。大概是民國三十六年一月，我以中央博物院籌備處專門委員的名義，到中山門內該處上班，曾小姐只是辭去處內行政工作，研究工作仍照常進行。中博院的院舍，戰前已開始興建，抗戰軍興時，已完成了鋼筋結構和二樓樓地板，抗戰八年中，當然停頓下來，復員後復工趕建，記得是由陸根記營造廠承建的。我對工程是完全門外漢，接手後，首先向曾小姐求教，先進入情況，然後將歷年老檔，取出熟讀，臨深履薄，很緊張了一陣子，所幸班底一個人也沒動，大家和衷共濟，沒出甚麼大紕漏。在此一段時間，有一件值得一提，西周重寶毛公厝鼎，遜清末葉，是私家收藏，抗戰勝利後，由最後收藏者，捐獻給政府，主管機關撥交中博院籌備處入藏，當時倉庫完工尚早，特別買了一具大保險櫃，將此鼎藏入，置於曾小姐寢室。我承乏之後，爲免搬動受到損壞，曾小姐乾脆另遷宿舍，由我負責監守，直到半年後離職爲止。我學古文字，竟與此重器，結此勝緣，在我的生命史中，自然是一段佳話。

當年在中博的同事，如譚旦烱、李霖燦、索予明、高仁俊、周鳳森諸先生，來臺後，與故宮博物院合併，將畢生心力，貢獻給國家，現在就連最年輕的，也將屆退休之齡了。

大約是民國三十六年五月間吧，濟之先生也辭去了中博籌備處主任，政府派杭立武先生接任。我到中博，是借調，本職仍在史語所，當即向杭先生請辭，杭先生說：「於公，孟眞先生、濟之先生，我們都是朋友，於私，令舅眞夫先生，我們交情也不薄，你無論如何得留下來幫幫我的忙。」情辭懇切，我將此意轉陳傅、李兩先生，他們兩位都說，既然如此，就暫時不要辭吧。誰知杭的說辭，完全是官樣文章，那幾天裡，我用杭的圖章，代他判行了的公文，我發現都經他帶來的一位曹君（姓是憑記憶，可能有誤）複核一遍，我孤陋寡聞，那見過這一套，他這是明示對我的不信任，如何能相處下去，立即請見，當面將他的圖章交還給他，拂袖逕去。返回史語所，將此情陳明孟眞先生，他笑笑說：「回來很好。」孟眞師大概是笑我少見多怪了。

3　史語所北平圖書史料整理處管理員

這個機構，是勝利復員後新成立的，前身是僞政府時代，日人成立的兩個不同性質的圖書館：(1)、東方人文科學圖書館。(2)、近代自然科學圖書館。合併藏書約六十萬冊，數量已很可觀。前者的特色，中國各省地方志，蒐羅宏富，現在據記憶所及，似是偏重華北。後者尤其重要，傳說以滿洲國（東三省）農、工、礦各種資源的調查計畫及成果爲主，可見日寇處心積慮之深。整理處的成立，最晚應在民國三十五年，當時由北京大學文學院長湯用彤先生兼任主任，輔仁大學史學系教授余遜先生，每週定時到處辦公，應該是實際負責人。經常工作的，有一位助理研究員，一位助理員，這和史語所的編制是相同的，是研究人員，此外有書記三人。湯、余兩先生都是兼攝性質，沒一個負專責的人，績效差了一些。孟眞師派我去，明白交待，要將兩個圖書館，作好卡片，圖書上架，期能於最短時間，對外開放。決定後，孟眞先生對那廉君先生（孟眞先生的機要祕書）口授長函，致湯用彤先生，主要是向湯先生介紹我的爲人，和受命要辦的事。那先生叫我去看了原函，對我的爲人，頗多溢美之辭，我當然明白，這是孟眞師要加重我的分量，以免到職後，難有作爲。原有的兩位研究人員，年齡稍長於我，名位相當，不好作事，於是改我的職位爲管理員，這在中研院的組織法中，是一個比較特別的職位，起薪和助理研究員相同，但最高薪只比研究員的最高薪低兩級，可高可下，傅先生這麼作，很顯然是一種權術，我心裡自然有數。我是三十六年七月四日（這天是美國國慶日，那時美軍佔領日本，和我政府也多有合作，因此我記得這個日子）到達北平的，在拜見湯、余兩先生之後，請其轉介我和同仁認識，我對他們轉達孟眞先生的口諭，並分配工作，主要是先作卡片，然後按卡片整理上架，此外沒多說甚麼。第二天開始，我一定準時上下班，同仁也很努力。以前兩位研究人員，大部分是趕寫自己的研究論文，書記自然無事可作；現在大家都作同樣的工作，除了圖書分類，有時交換意見外，大家都埋頭作份內的工作，效率自然就倍增了。如此者一年四個月，到了民國三十七年十月，兩個圖書館，全部對外開放了。

假如從戰國算起，北平是兩千多年的古都了，尤其是元、明、清三朝，六百年左右的不斷經營建設，造成了她氣象萬千的風貌，我眞是三生有幸，在她沒遭破壞之前，在那兒生活了一年又四個月。離開之後，對那兒的懷念，遠遠超過了我的故鄉。一年四個月的時間，雖不算長，但可記的事，實在太多了，不知從何寫起，要記帝都景物，風土人情，前人在這方面所作的，已可汗牛充棟，我這枝禿筆，還是藏拙的好；在這兒，我只想寫點個人的觀感，聊以表達我對她的懷念。

我在北平停留的那段時間裡，正趕上政治動盪，通貨膨脹的嚴峻時刻，但對一般小市民，似乎沒產生太大的壓力。北平人就是那麼樂天知命，過日子嘛，窮有窮的過法，早上一碗豆汁，一套燒餅果子，晚上上路邊攤，來二兩白乾，一碗湯泡肚甚麼的，包管通體舒泰。我辦公的地址，在王府大街的東廠胡同，是一處大宅院，據說民國初年是黎元洪的官邸，我就住這大宅院東南隅，靠王府大街，西北角，是胡適之校長的住宅。現在北京大學任教的張苑峰先生，和我住同一個院子，他住西廂，和我對門而居；現在史語所所藏許多善本方志，有不少是我和張先生在東方人文科學圖書館書架上，一套一套挑揀出來的，算來已是四十六、七年前的往事了。

東廠胡同往西，就到了沙灘北京大學，再往西不遠，就到了北海公園。東廠胡同東口，是王府大街，往南是東安市場，小吃購物，都很便宜，再往南，到了東單頭條，眞光電影院，和戲院前密密麻麻的路邊攤，都是我經常光顧的地方。想起民國三十七年十月三十一日，一大清早，天還沒亮呢，我手提行囊，從東廠胡同出來，沿王府大街、王府井大街，一路不見行人車輛，走到東單頭條某航空公司辦事處，搭機前往南京，一轉眼已將半個世紀，眞是前塵如夢。

五年前，六四天安門事件的後一年，和妻回大陸探親。先到呼和浩特——前歸綏——看她三姊，乘平綏鐵路夜車，一大早，到北平火車站，她八十多歲高齡的大姊，和她的家人，接到我們後，從以前的東西長安街，現在不知改名甚麼路了，一直往西，經過天安門，直到西郊石景山，二三里長的大道，其直如矢，其平如砥，一路大廈連雲，眞是壯觀。城牆已夷爲平地，但天安門門樓還在，很容易和以前的景象，發生聯想，一兩天後，我要求妻的姨甥女和她夫婿陳作璋君，帶我們去東廠胡同，參觀我的故居，書庫仍在，所居東廂房，雖已傾圮，遺跡猶存，西廂已為平地。妻的故居，就在東廠胡同西口，北池子三條，我們在那兒照了像，雖然景物依舊，但總覺得非常陌生，似乎少了點甚麼，想來想去，老北平的味道，是完全不復存在了，這大概就是文化大革命的恩賜吧！一個獨夫，爲了自己權力的慾望，不惜殘民以逞，但是，現在呢？

4　返湘省親

抗戰勝利之後，國共兩黨，鬩牆之爭，愈演愈烈，共軍得蘇俄之助，取得日本關東軍全部裝備，又收編了僞政權的大部武裝部隊，勢力坐大。我離開北平時，城外數里，便是共軍勢力範圍，長江流域，稍微安定一點，沒想到不出一年，國民黨政權，已呈土崩魚爛之勢。那時母親留在家鄉，以爲還可苟安一時，也無法作更妥善的安排，這情形，前文中已約略提及。離平時，即向史語所請假，返湘省親。數月之間，情勢完全改觀，國民黨的部隊，竟是望風奔潰，或竟陣前易幟。那時傳聞史語所，已作遷臺之計，但因烽烟遍地，郵電傳遞，大失常態，尤其因爲住在常德南部山區，平時對外通訊，已備感困難，那時更不用說了。

我的性格，有點因循，不是善謀能斷之人，尤其當大變局來臨，雖明知國民黨政府，已決無可爲，但一個手無縛雞之力的書生，除了在故紙堆中討生活，實別無糊口之計。和母親商量，覺得平日從未與人結怨，共產黨來了，土地房屋，自然是全部充公，猶冀能有一條生路，一旦離鄉背井，絕對是死路一條。正徬徨無計之時，從史語所的同仁處，得知所方已決定遷臺，而且已開始行動；另悉有幾位家口衆多的朋友，想隨所行動，孟眞師因遷臺後，大局的發展，完全無法預知，家口多了，到時連吃飯也會有問題，因此婉勸他們暫時不動。再過了些時，又從朋友的來信中得知，孟眞先生在百般艱難的情況下，向政府請求，派了兩架專機到北平，並預先聯繫平津一帶各大學的知名教授，希望他們到臺，共體時艱；兩機返航時，孟眞先生到明故宮機場接機，據說有一架是空的，另一架，只坐滿了一半的位子，孟眞先生當場黯然落淚，預期的人，十之八九不肯來。這也難怪，抗戰時，大家同仇敵愾，再苦，也咬緊牙撐了；勝利復員後，那幾年間，國民黨政府的措施，幾乎可以用「一無是處」來形容，大失民心，平津一帶知名之士，聽了共產黨的宣傳，對未來都存著一番憧憬，要他們貿然赴臺，走向不可知的未來，那實在是非常難以作決定的事。國民黨政權的土崩魚爛之勢，絕非偶然，莫非如此，江山也不是那麼容易斷送的啊！

困處窮鄉，所聽到的，都是這種令人喪氣的消息，就更徬徨無計了。我和當時那些名教授的心情是有些差異的，我是沒沒無聞的人，共產黨自然不會遊說我留下來；民國十六年，湖南省曾有大部分被共產黨統治的經驗，我對他們自然不存幻想，問題是無路可走。

離李家大屋約莫二十華里，有一個小市集，地名港二口，顧名思義，是兩條溪流匯集之處，春夏水滿時，頗有舟楫之利。說來難以令人相信，近在咫尺，我竟然沒去過。聽說市集上有二三十家店面，有郵政代辦所，還能代爲收發電報，至於普通郵件，是正常業務，是方圓數十里範圍內，唯一可以和外界聯繫的所在。我是民國三十七年十一月返鄉的，三十八年二月還是三月，我忽然接到一封電報，是孟眞先生發來的，大意是本所已全部遷臺，希速來，這下子我拿定主意了。因爲別無選擇，立即作東行的準備，一個月之間，連得孟眞先生四封電報，最後接到他老人家一封親筆信，比電文略多了幾句話，我只記得最後兩句：「以兄能吃苦，故敢要兄來也。」這和稍後爲人題字：「歸骨於田橫之島」，充分說明了他老人家當時的心情。一語成讖，他老人家逝世四十五年了，而所謂「田橫之島」比起當年來，雖然繁榮壯大，不可同日而語，而逐利之徒，權慾橫流，爲了保持權位，不惜採用各種手段，鬧得烏烟瘴氣，看到孟眞先生「歸骨於田橫之島」這幅題字，眞是欲哭無淚！

接到這封親筆信，開始積極準備東渡，所謂準備，首要之務，是籌措路費；提到這點，對當時的情況，得多作些說明。上面說過，當時政府的措施，幾乎一無是處：軍事上的一錯再錯，方面大員，無一不心懷二心，共軍南下，眞是傳檄而定；經濟建設，當然完全停頓；財政方面，尤其滿盤皆輸。當時王雲五作財政部長，巧婦難爲無米之炊，關金券、銀元券、金元券，相繼出爐，名稱毫無意義，只是利用印刷機，在那些甚麼券之後拚命加零，那種通貨膨脹惡化的程度，眞是曠絕今古！我離開北平時，每一個受薪階級，到了發薪那天，無不爭先恐後去市場搶購銀元，白銀七錢二分的袁大頭，那是唯一可以保值的貨幣：走到街頭，嫌銀元價高，多走兩步，價錢又變了，走到街尾，價格往往翻了一兩翻，有了這個經驗，下個月發薪時，那當然第一個遇到的銀元販子，無不立刻將對方的口袋掏光。後來，銀元換不到了，領薪水時的盛放工具，也變成了麻袋，看見有開著門營業的店家，進去，不管用得著用不著，遇貨就買。我一位襟兄閻承勳先生，供職招商局，航行於日本東南亞之間，有一次在上海的招商局，領了薪水，扛著一麻袋不知是甚麼券的，上最近的馬路，卻十店九空，好不容易看到一家皮鞋店，貨架還擺著一雙皮鞋，不管三七二十一，買了再說，等拿回船上一試，那眞應了一句成語，要削足才能適履了。

我家是地主，別無長物，只有一點稻穀。那時，不管是甚麼券，在鄉下已經沒人敢要了，要賣銀元，又沒人肯買。在我籌措盤纏前一兩個月，爲了想買點日用品，賣了兩千多斤穀子，第二天進城，傍晚到達，立刻上街，這筆錢——自然是甚麼券的，就只夠買兩枝小楷羊毫了。我只能帶銀元，大概花了一個多月的時間，壓低了穀價，費盡九牛二虎之力，湊了兩百大洋，這下子是可以成行了。

母親仍存僥倖，覺得一動不如一靜，而且大局板蕩，臺灣前途未卜，我也不敢奉母同行，只得一人先走。民國三十八年五月下旬，我從常德啓程，先渡沅江，到達南岸公路車站，買票去長沙。貽芬、貽芳兩甥女，去車站相送，她們是我大姊的女兒，姓張。貽芬後來在湘雅學院學醫，服務常德第一人民醫院，其夫婿阮士元，廣東人，是同學、也是同事，貽芬今年六十歲，大概將近退休了。貽芳不到二十歲，病故了（確實的年齡和病情，記不清了）。她們的媽媽——我大姊，民國四十二年，因子宮癌病故，得年四十五歲，那是我抵臺四年之後的事。我大姊死前兩年，貽芬寫信給我，附了她媽媽一張半身照，信上說：「舅舅請放心，我們都生活得很好，你看媽媽不是比以前胖些了嗎？」其實是瘦了不少，芬兒不敢明言，我接信後，難過了好一陣子。

常德距長沙，大約一百八十六公里，是土石路，車也多半超齡，全程約需五小時。那天吃過午飯，再上路，我正在打盹呢，車子猛然剎車，停下了，我惺忪著眼，一看前面二三十公尺外小路上，一列魚貫而行的青衣武裝部隊，每人一枝步槍，都停下了，舉槍瞄準著我們，見我們的車停了，跑步前進，包圍了我們的車子；前面右方，是客人上下用的門，左方是司機用的，客人要用，必須跨過一根鐵桿子，比較不方便。那時車的左右方，包括兩道門和兩列窗，都站滿了那些武裝分子，我坐第三排靠左窗口。一個隊長模樣的人，佩著盒子砲，喝道：「我們是八路。」八路是共軍的番號，其實他們未必是，不過「八路」這兩個字比較唬人，很管用。「你們有槍的，先交出來，然後下車，聽候檢查。」坐在我右旁的，我這時才注意到他帶得有盒子砲，後來攀談，才知道是前座兩名帶星徽的少將師長的衛士。他如命的拔出武器，那時師長也說：「交給他。」那衛士槍口向前，就往窗口送，我平時傻呼呼的，那次可機警了，立刻俯下身去，窗口的敵人，一把就搶奪了過去，我的情緒，也才平靜下來。車上的乘客，都魚貫從右前門下車，我發現他們的自來水筆、手錶、和口袋裡的東西，都被門口的士兵搜光了；我發現隊長站在左邊車門，費點事，從左面擠了下去，倒眞是秋毫無犯，軍紀嚴明。我的二百大洋，放在手提箱裡，擺在車頂上；其時國共兩軍，並無固定防區，流動性很高，這支青衣武士不敢久留，沒有將車頂的行李，卸下搜刮，要不然，這份回憶錄，怕是沒有面世的機會了。那批土匪走後，我和我鄰座的衛士開玩笑：「老兄大概是第一次被繳械吧，剛才可被你嚇死了！」他訕訕的不噴聲，全車大笑了起來。這也算那次旅途中，既緊張又輕鬆的揷曲。

5 東渡臺灣

上節提到民國三十八年五月下旬，拜別祖宗廬墓和五十八歲的慈母，取道常長公路，先到長沙。那時京、滬是否已經易幟，我記憶不是十分淸楚，反正那是共軍南下的主要目標。我當不能取道上海轉臺，因之當天抵達長沙後，立即趕到粤漢鐵路長沙車站，買好第二天去廣州的車票；那時，湖南、廣東一帶，是國軍的後方，而且堂堂之陣、整整之旗的正規戰爭已經不大有了，粤漢路已沒有頻繁的軍運，要不然車票決不可能那麼容易買到的。

第二天到廣，我舅父張眞夫先生正在那兒駐節，他一家人都在，我先去他家住了幾天，然後取道海上，東下臺灣。記得是六月一日，抵達基隆，當天即轉達臺北，住在甚麼地方，現在都記不淸了，似乎是中山南路臺灣大學醫學院的教室，開地舖。那時所方同仁已抵臺北的，究竟有那些人，不大清楚，似乎還不能辦公，整天渾渾噩噩的。只有一點的印象很清楚，穿過新公園，從衡陽街的東口向西望，整條馬路空蕩蕩的，看不到幾個人。博愛路口的國貨公司，五層樓，據說是當時最高的建築，貨架上也空落落的，可見當時物資缺乏的一斑。

還記得不止一次，和胡占魁兄去延平北路三段某戲院，聽顧正秋、張正芬的平劇，我雖不懂平劇，湊熱鬧，可也覺得她們明眸皓齒，字正腔圓，蠻動聽的。鬚生胡少安，腔調高亢激越，內行人說太火，我卻挺欣賞的。

記不得是幾月間搬去楊梅鎮的，當然是下半年，租了鐵路局靠車站的幾座倉庫，將窗子多一點、光線好一些的，改作辦公室，其餘的作了眷舍和單身宿舍。仍不夠用，加租了幾幢靠近楊梅中學的警局宿舍。

同仁們展開工作了，但在大流徙之後，工作情緒和效率都不是很好。我惦記著母親，每天都看著報章上所登共軍渡江以後勢如破竹的新聞，情緒自然好不了；可是，在不久之後，有一件重要的事發生了。經過二組同事楊時逢先生的介紹，認識了在楊梅中學教博物的王彝女士，當時只見過一面，沒想到幾個月之後，她改去臺北一女中任教了，我也以合聘的方式，到臺灣大學中文系任副教授，經過幾個月的交往，她——王彝女士——成了我的老伴兒。結婚是民國四十一年一月的事，此是後話。

(乙) 史語所考古組副研究員

這份差事，是到達臺灣之後才開始的，應該是三十八年下半年，全所遷到楊梅鎮，大致安頓之後的事。記不得是那一天，組主任濟之先生遞給我一個大信封，抽出一看，是一紙副研究員的聘書，我一楞，還沒回過神來，濟之先生笑嘻嘻的恭喜我了，就這短短幾秒鐘的時間裡，我作了看來是不識抬舉的決定——卻聘。我從三十三年七月起任助理研究員，到那時已足足五年有餘，論年資，是夠資格升等了；但五年之間，從沒作過一天研究工作，除了據以取得聘用資格的碩士論文之外，也沒有第二篇研究成績。五年間的資歷，前面已有詳細記述，雖然也有點成績，卻全不是研究工作，我覺得我全沒升等的條件，我將此意報告濟之先生，他大出意外，略略沈默了一下，說所方根據全盤衡量，才作這個決定，勸我不必過謙。我仍不肯接受，並立即寫了一封信，說明我不能接受的理由，記得信中有兩句話：「唯名與器，不可以假人」，請濟之先生轉給所長。過了一天，濟之先生帶來孟眞先生的口諭，說他很謝謝我的美意，但仍勸我接下來。盛情難卻，再堅持下去，未免近於矯揉造作了。沒想到，這一應聘，竟開始了我長達十三年副研究員兼副教授的生涯，這樣資深的副研究員或者副教授，在任何一國，怕都是絕無僅有的吧！

1 國立臺灣大學校長室祕書

是三十九年九月一日就任此職的。大概在此之前一個星期，我在校長祕書室，和當時兼任此職的中文系教授屈萬里先生閒談，孟眞先生從裡面校長室踱了出來，叼著烟斗，靠著書櫃，閒閒的問我，「你今年幾歲了？」我告以三十二歲，先生說：「好年紀，正好用功，千萬不要有外務。」我唯唯，又閒談了幾句，我告辭走了。過了沒兩天，屈先生來找我，一見面，笑瞇瞇的說：「找替死鬼來了。」我沒會過意來，他說：「傅先生要我來找你，去校長室擔任祕書。」我說：「你不是作得好好兒的嗎？」原來他想專任教授，好用功，便向孟眞先生請辭，傅先生說：「除非你將李孝定找來替你，不然你不能辭。」屈說：「李陸琦（我的小名，熟識的人，都以此相稱。）是您的學生，叫他來說一聲不就行了？」傅先生微笑著說：「前兩天我還叫他千萬不要有外務，這是你親耳聽到的，現在叫我怎說得出口？」屈這才來找我。屈翼鵬這人，精明幹練，是有名的智多星，精於目錄版本，經學也有根柢，山東魚臺人，孟眞先生很器重他。他見我對這建議不很熱衷，便運其三寸不爛之舌，動之以情，他說：「傅先生身體不好，你是知道的，臺大校務繁劇，怎忍不加協助？」他比我大十一歲，接著說：「你比我年輕，要用功，有的是時間，不像我老大不小了，再不用功，蹉跎不得了。」我耳根軟，加上我對孟眞先生，打心裡敬愛，也就無可無不可的點了頭。上班的第一天，孟眞先生對我笑得很天眞，說：「你看我又拉你作外務來了，不過你只幫我一個短時間，還是以教學研究爲主。」這話似乎又成了語讖，那天是九月一日，三個多月之後的十二月二十日，孟眞先生就在省議會的議場，以腦溢血逝世了。

按照當時大學組織法，校長室祕書，編制上只有一人；但後來，大學的組織擴大了，事務加多了，一位祕書，事實上應付不過來。那時臺大校長室已有四位祕書，因之同事們都以主任祕書相稱，我也居之不疑，不過只是隨便叫叫，組織法上沒這個職稱，待遇是一文錢也沒有增加的。這職位是打雜，校長交給我一枚私章，代他判行所有要他作決定的公文。我曾經向孟眞先生推薦另一位也是他學生的某君，我認爲其才遠過於我，孟眞先生拒絕了，他說：「假如請他來擔任此職，他將我這枚圖章，隨便一蓋，我進了監牢還不知爲了甚麼原因呢。」這個職位是幕僚，沒有權，但拿著那顆圖章，就是代表校長，可以處理很多事物，遇到操守不佳的人，是可以出很大的紕漏的。這也是後來錢思亮先生接任校長後，說甚麼也不同意我辭的唯一原因，但這一拖就是八年，我一生精力最旺盛的八年，就在案牘勞形中渡過了。

2 孟眞先生之死

臺灣大學，應該是在臺灣第一間國立大學。那時，大陸爲共產黨控制，也許那時國際情況不允許，或是另有原因，反正共軍沒有乘勝渡海，是事實。其時，陳誠將軍以東南戰區長官駐節臺灣，他和孟眞先生合作得水乳交融，臺灣大學一應開支，全部由東南戰區長官部撥付，因此臺灣大學的歷任校長，向來都向省議會報告校政。那時省議員諸公，問政都很理性，只有一位郭君，忘其名（似乎名國基，不能確記），喜放炮，人稱小鋼砲。在前一次省議會中，孟眞先生和這位郭君，已有口頭辯論；民主政治，這也是常事。我擔任祕書的那三個多月裡，我發現他比起以前，更爲急躁，就擔心他受不了刺激。在那次省議會的前一天，傅先生曾因事怒責一位同仁，在那位同仁的辦公室門口，摘下帽子甩在地上，跳脚大罵。我將他扶回校長室，趁機進言：「我覺得我們是國立大學，在體制上原毋須向省議會報告，雖然是沿舊例辦理，這次不妨請次病假，改請教務長、總務長、會計主任三位，代表列席，也應無不可。」他知道我擔心他的健康，笑笑說：「你放心，現在人家對我很客氣，我也很客氣，不會有事的。」結果孟眞先生依然去了。下班後，我一人去看了一場電影，然後回和平東路的宿舍睡覺。約莫十一點半，聽到有人敲門，是事務組主任朱仲輝的聲音，趕緊披衣起床，仲輝兄氣急敗壞的說：「不好了，傅校長病倒在省議會了。」據說那位郭君提出質詢，語氣不大好，孟眞先生答覆時，也越來越激動，如此者說了近兩小時，就驀然倒在講臺上了。等我們趕到會場，孟眞先生已回天乏術，一代哲人，如此忠於職守，雖是不幸死了，卻是死得其所！

我追隨孟眞先生，未及九年，先生又爲國宣勞，奔走於昆明、重慶、李莊三地，親炙時間太短，沒機會從他老人家淵博的學問裡，得受教誨。不過孟眞先生原就不以書本上的學問見長，他的不可及處，在於他的眞誠、正直、率性，各種美德，匯集起來，產生一種莫之能禦的精神感召的力量。我想用幾句具體的字句，描寫孟眞先生，只恨自己的品德、學問和他相去太遠，實在沒能力爲孟眞先生作蓋棺論定的定評。

孟眞先生是一位天眞率性，不失其赤子之心的大人；是一位淹博貫通，識見卓絕的通人；是一位自反而縮，雖千萬人吾往矣的勇者；是一位知所進退，則中道矣的哲人；從這幾方面去了解孟眞先生，雖不中，亦不遠矣。

孟眞先生逝世後，由沈剛伯先生代理校長。我在中央大學唸書時，選讀剛伯先生開講的西洋文化史，他的課非常叫座，可是筆記很難記，因他所知甚廣，常常觸類旁通，口若懸河，勢又不能每字悉數記下來，當他的講授有所旁騖，便停筆靜聽，卻往往話鋒一轉，回歸正題，卻又天衣無縫。中間停了一段的筆記，可讀性就大大遜色了。剛伯先生上課，還有一絕，上課鈴一響，未見其人，先聞其聲，他老人家已經一面講著，一面走進教室來了。下課時亦然，鈴聲一響，掉頭逕去，教室外的甬道裡，卻還餘音繞樑呢。

孟眞先生逝世時，教務長錢思亮先生正代表我國出席聯合國在巴黎召開的教科文組織會議，政府後來宣布，由思亮先生繼任臺灣大學校長，記不清是民國四十年二月、還是稍晚一點，錢先生風塵僕僕的趕了回來。接篆視事後，過了幾天，我就向錢先生請辭校長室祕書，理由很簡單，

「我的本職是副教授，興趣也在研究和教學方面，祕書這工作，是孟眞師叫我來短期幫忙的」，誰知錢先生反應敏銳，態度也極爲誠懇，他說：「我和傅先生素未謀面，第一次見面，就畀以教務長重任，你是傅先生的學生，更有義務來共同完成孟眞先生未竟之志。」這頂大帽子扣下來，竟讓人沒有躲閃的餘地。更重要的是，他這言出由衷，也讓人沒有懷疑的餘地。當時我想，他的話是非常動人的，假如堅辭，未免不近人情；而且我知道，他作教務長，是由於適之先生的推薦，他的接任臺大校長，主要由於陳辭修先生對孟眞先生的信任，大家都是推心置腹，這在官場，極爲少見，現在他用「未竟之志」這頂大帽子扣下來，還能逃過這座五指山嗎？事情就這麼決定下來了，當然沒有想到，離開這職位，竟是八年以後的事，這也助我完成了十三年資深副教授傲人的紀錄！

3 母親來臺

前文在〈我的母親〉那節裡，提到在共軍席捲全國之後，有一天，有四個不同的佃戶，不約而同的，分別從不同的地點，先後來到我家，告訴母親，他們都已接到共黨幹部的通知，要定期鬥爭母親，勸她老人家趁早逃走，因爲共幹的命令是不能違背的。母親眼見不能拖了，第一步，先進縣城，那時剛剛移轉統治權，一切控制網，都還鬆散，到了城裡，母親的身份，較易掩藏，然後可以比較從容的，作逃亡的準備。其時，母親帶著三姊的孩子馬天行，才四歲，母親沒出過遠門，又識不得多少字，旅行，對她老人家來說，實在非常困難；大姊不能走，也自顧不暇，自然不能將外孫交給她；一老一小，前路茫茫。進城後先租房子安頓下來，然後再準備往香港走。租房子，先得房東肯擔保，這是共黨政權加緊控制的開始，很幸運地，因爲我們家的聲譽還不算壞，素不相識的房東，同意擔保了。第二步，是要找有去香港的熟人，拜託他沿途照料，這點比較困難，想請專人照料，太招搖，非逃亡所宜，順便的又那能那麼現成。四處打聽的結果，知道縣城裡一家大中藥商，招牌叫聶振茂的，每年有兩次派專人赴港辦貨，熟門熟路的，很靠得住，恰好快要去了，於是託人拜託，聶老闆一口答應，這些機緣，都是可遇而不可求的，眞是天假之便。接下來，是離開的問題了，當時旅行要路條，不知如何解決的，母親沒和我提及；母親眞是好心，還告訴房東，將要去香港，而且不會回來，他拍胸脯答應了，而且說：「你放心走，我要是能走，我也走，保證責任，我擔下了，我不在乎。」這眞是天大的人情。

一切都很順利，苦的是到達香港後，住在調景嶺難民營，等待辦理來臺手續的那段日子，不識字，言語不通，一位小脚老太太，帶著一個四歲的外孫，住在鐵皮屋子裡，大熱天，身心飽受煎熬的日子，偶一念及，我現在還想哭。

在調景嶺等候了四五十天，謝天謝地，終於坐上了來臺灣的輪船。記不清是三十九年二月還是三月，我終於在基隆碼頭接到了母親和外甥，雖然才大半年不見，卻恍如隔世。

我先將母親安頓在臺北延平南路五舅家，五舅母和五舅不幸已於三十八年底、和三十九年元旦先後病逝；五舅父母過世時，遺孤有二表妹張禮榮、表弟禮寧、三表妹禮枬，分別是二十二歲、十九歲、十七歲，母親來到時，大家自不免一番傷感。一兩天後，我們回到我們自己的家，是在楊梅的一間民房，也是史語所租的，極簡陋，泥土牆，一張粗大木床，擺上兩個榻榻米，我仍住原住的倉庫，但總算一家團聚了。

4 我的婚姻

我是地主家庭中出生的四代單傳的獨子，按照習俗，大半是要早婚的，陰差陽錯，因循拖沓的結果，卻遲到三十四歲才紅鸞星動，只好怪緣分未到吧。到楊梅那年，認識了現在的老伴兒——王彝女士，只見過一面，後來她改到臺北市立一女中任教，也是姻緣湊巧，孟眞先生抓我的公差，要我到臺灣大學校長室作祕書，配了一間單身宿舍，在和平東路二百三十巷八號。那時我三十二歲了，當然到了適婚年齡，這種事可又急不起來，業務太忙，收入又微薄，總之就是那麼不湊巧，始終不能讓我下定決心將婚事擺在第一位，自然，沒有確定的對象，才是最重要的原因。大概是前生註定的罷，時逢兄介紹我和現在的老伴認識時，母親是見過的，當我到臺大工作後，和母親重提此事，她老人家極力鼓勵我：「還拖到那一天，得加把勁了。」

也不知是那一天開始的，和王彝女士開始有了約會。她在一女中的宿舍，和校長江學珠是貼隔壁，江是老前輩，把她當子姪輩看，曾勸她多用功，不要有外騖，但不知交男朋友，是否也算外騖，反正我和她的約會，就是那一陣子開始的。當然我去找她的次數，變得頻繁了，有一次還鬧了一個小小的笑話。那次她房門上留了字，說外出即回，我不便登堂入室去等，便走到外面，宿舍面臨游泳池，水放光了，我原該就在池邊站站，卻心血來潮，爬上了跳水臺，在那上面舉目四矚，就在這時，聽到下面有人問話：「你是誰？站在那兒幹甚麼？」我趕快拾級而下，見是江校長，忙告以是在那裡等人，她當然也認出了我，沒再說甚麼，自走開了，不知是否因此引起她的不快。

不久後，她轉往臺北女師任教，就是後來在愛國西路的臺北市立師範學院的前身，我們仍然繼續交往。那時我實在窮得可以，皮鞋是打了補釘的，朋友們都勸我，就是舉債，也該買雙新鞋，我卻覺得那才是本色，依然我行我素，幸虧她不嫌我窮，不然，至少我現在的老伴兒，就一定不是她了。繼續交往了一陣子，我們已論及婚嫁了，那時，我大表姊張禮靜女士，早已從上海舉家遷來臺北，表姊夫李欽瑞，號華倫的，時任合衆社在韓的隨軍記者。表姊家好像在安東街，我和王女士既已論及婚嫁，當然近乎得多了，就偶爾同去表姊家。一次，表姊留我們吃便飯，飯桌上有一味小菜，我們家鄉叫「衝」菜的，是用芥菜薹作成的，吃起來有一股芥末的衝鼻味，她問是甚麼菜，我忽然淘氣起來，捉弄她說：「這菜放在剛出鍋的熱飯上一塊兒吃，最好吃。」她果然如法炮製，嗆得涕淚交流，表姊的孩子們都偷偷的扭過臉去笑，她則啼笑皆非，現在想起來，這玩笑開得可眞冒險，假如她一怒而去，那就慘了。

就在這之後，不久，我們眞準備結婚了，那時我眞窮得一文不名，幸虧我還有一兩種不錯的書：一種是彥堂師送給我的初版《殷曆譜》，一種是丁福保編的初版《說文解字詁林》，那時都還沒再版，市面上已買不到，成了孤本，在我都是吃飯的本錢；可是那時我作祕書，一時用不到，靈機一動，就拿來作娶老婆的本錢吧。多承李濟之先生幫忙，其時他創辦考古人類學系，剛成立沒多久，這兩種書都很亟需，就簽報學校，用兩千七百元的善價買下了。現在，我有了老伴，四個孩子，又買了那兩種書的再版，眞是一本萬利。

其時，物資奇闕，物價高昂，兩千七百元，差不多合十兩黃金，可是我買了八碼印花布作窗帘，這在現在是沒人要的起碼貨，尤其決沒有人會拿那種次級品作新房的窗帘，饒是那樣，那四幅窗帘，就花掉了兩百八十元，合一兩黃金的價錢。就指望這點錢辦婚禮，自然捉襟見肘，新皮鞋是買了一雙的，我穿的西服，是拍賣行的舊貨，不合身；妻買了一段織錦緞，也是拍賣行買的，在那時可是上等貨，又是一兩金子花掉了，可是爲了愛苗條，剪裁得太合身，生過大丫頭後，就再也不能穿了；其他的，能借就借，不然就湊合著。我眞感謝老伴，和我一樣，雖無道可樂，卻能安貧。

我們的婚禮，是民國四十年一月二十日，論舊曆是臘月二十四日，還是民國四十年的日子，眞合了「有錢沒錢，討個老婆好過年」那句俗語了。禮堂是借臺灣大學法學院的禮堂，由錢思亮先生福證，介紹人是芮逸夫先生、石璋如先生，男方主婚人是大表姊，女方主婚人，是我內兄王嘉平先生。因爲我任校長室祕書，在臺大認識的人多，我內人也任教多年，雙方同事都不少，發喜帖很費斟酌，少了，怕得罪人，多了，又成了紅色炸彈，再三考慮，最後請了十八桌，接到請帖的親友，倒是極少沒來的，可見斟酌得很周到得體。

洞房設在臺灣大學分配給我的宿舍，在紹興南街三十二號，二十二席的日本式木屋。鬧新房的客人，來得不少，屋子裡擠滿了，院子裡還有好些人，前輩如孟眞師母俞大綵教授、李濟之先生、董彥堂先生、沈剛伯先生、錢思亮先生等都賞臉，正熱鬧時，我發現余又蓀兄站在窗戶下的院子裡，我一彎腰，抓著他兩隻胳膊，就將他輕而易舉的提進了屋子，一轉眼，可就垂垂老矣。

婚宴時，屈翼鵬兄陪著我敬酒，好幾位朋友建議我以茶代酒，我覺得不合適，堅持用眞酒，沒想到師友們體諒，知道我沒酒量，都放過了我。聽說客人中倒很盡歡，醉倒了好幾位，思亮先生自詡海量，聽說那天也有點醉意了。

5 婚後幾年内的窮困

結婚到現在四十四年了，在我整個生命中，已佔了一大半，勢不能將婚姻生活，綜合起來，寫成一個章節。這本回憶錄，既然以時間爲經，按每一階段的工作，分別寫成一章一節，在各章節之間，互見、重出，勢所不免。婚後幾年的生活，雖很幸福，卻也是我一生最窮困的階段，原因是四個孩子，在五年之內，全部報到，偏偏那段日子，又是臺灣物資最貧乏，公務人員待遇最微薄的時候。結婚七年，母親又病倒了，是腦中風，半身不遂，不能言語，如是者五年多，這些情形，將在下兩節細述。加上外甥，一家八口，我們夫妻倆，都得上班，家有一位臥病的老人家，外加五個孩子，勢必得請一位幫傭的人。我眞感激我妻，要沒有她一份薪水，合力支持，共挑這付重擔，我眞懷疑，我們這一家能否活得過來。我特立這一節，一方面固是紀實，更重要的是要表達我對老妻辛勞、貢獻的感激。

我們是四十一年一月結婚，年底十二月八日，大女兒令儀就出生了。產婦是七日半夜發作的，立即送到臺灣大學附設醫院，由婦產科主任邱仕榮教授親自接生，一切順利。等孩子洗好包好，產婦入睡後，八點多我回到家裡，看到母親正在我們臥房裡，將五屜櫃的抽屜，拉開一個，關上，又拉開另一個，再關上，如此反覆不停，我問要找甚麼，她老人家一本正經的說，這樣子會生產得順利些；我忙著報告好消息，母親一臉倦容，八成是徹夜未眠，這下子才完全鬆弛下來。我告訴她老人家，是女孩子，母親立刻說都一樣好，我倒是覺得第一個是姊姊比較好，可是在我們家四代都只一個男丁的心理壓力下，她老人家的話，是否百分之百的由衷之言，我倒的確稍有存疑，事後我以此意和她老人家開玩笑，她老人家正容的說：「是眞的啊！」

以後四年裡，老二維正，男孩子，是四十二年十二月十一日生；老三維嶽，男孩子，四十四年七月六日的生日；老四令昭，女孩子，四十六年六月八日生。幾個孩子，都承邱仕榮、魏炳炎兩位教授親自接生，至今感激。妻生四個孩子都沒有奶，我們都希望能自己餵奶，小孩子安全健康，又省錢，記得餵維正吃奶時，不管有沒有奶，小孩子總是嚥口水的，妻說：「嚥了快兩百口呢！」母親在旁聽了，怕悮了她，將臉別過一邊去笑了。

記得令昭出生後，每逢在小床上躺著吮吸奶瓶時，其他三個早已依次躺在榻榻米上等著奶瓶了。爲了孩子的健康，再窮，奶粉總是充分供應，偏偏維正要吃較貴的三花牌奶水才不便秘，維嶽是大肚漢，食量幾乎多出三分之一，這些情景，每逢想起，又是溫馨，又是心酸。

光是買奶粉，兩份薪水，已去掉一半，每月下旬，我必須向學校借支，這情形幾乎每人皆然，有些失控的人，窟窿越拉越大，我們控制得好，月初發薪時，一定先還欠款，如此周而復始，虧空增多得很有限，若干年之後，不但還清積欠，還漸漸的有點節餘了。

6 四個孩子的教育問題

這本書寫了近六萬字了，越來越感覺到體例不純，用時間爲經，是沒有錯的，但一生中的經歷，所佔時間的長短各有不同，則章節之間，必有參互的現象。就拿本單元來說吧，以〈史語所考古組副研究員〉爲名也沒錯，因爲這是我就業生活的重要部分，偏偏這個職位一作十三年，是創紀錄的資深，資深是用時間換來的，時間長了，事情一定多，這本書既非純編年，又不是紀事本末，兩種體例並行，章節的標題，自然就顯得不倫不類了。可是我又沒智慧作出較妥當的安排，就只好一仍舊慣吧。

前面既已提到了四個孩子的出生，就緊接著寫他們受教育的情形，似乎也順理成章，問題出在受教育的過程，至少該寫到大學畢業，這一下又是十六年，等交待清楚，就無法避免和其他章節混淆了。

先從他們接受幼教和小學階段寫起，這比較單純，而且大半都是在國內完成的。不必循序漸進從幼稚園小班寫到小學畢業，那些細節，就等他們也寫回憶錄時，再作取捨，現在只寫一兩件他們的童年舊事，以供談助。

大女兒令儀出生後，我初爲人父，喜孜孜的和妻說：「小東西好可愛。」於是由「小東西」，而「小東東」，而「東東」，便成了我們一家人對她的暱稱。我們窮困，加上工作繁重，她又是大姊姊，因之對她的照顧，難免不夠周到，這卻養成了她的獨立性格。她兩歲多時，妻帶她去臺大醫院辦事，一轉眼，孩子不見了，慌慌張張的趕緊找，有人詢明後，告訴她，看見一個小女孩，很像是她所要找的，往某一方向去了，妻依著指示，找到小兒科門診部，可不是嗎?東東正慢條斯理的爬上大磅秤上，裝模作樣量體重呢，離母女走失的地方，已有好大一段距離，而且上了一層樓了。她上小學一年級時，就獨自乘公車往返，一天逾時未歸，我們急得甚麼似地，電話鈴響了，一個陌生的口音問：「你們家是否有小孩不見了？」這才趕去將她接回，原來她下錯了車站，正東張西望，一位好心的女士將她帶回家，詢知電話號碼，才將她接回，問她找不到路怕不怕？她說：「有甚麼好怕的，只不過在人家家裡，一大堆人圍著我看，好像在動物園看猴子似的，好討厭！」

男孩老大維正，自小反應靈敏，一天一同外出，走到小巷裡，後面有汽車喇叭響，正要將他牽向牆根，他卻不見了，原來他已機警地跳到牆根的乾水溝裡藏起來了。後來他在新加坡華僑中學唸書時，是短跑健將，百公尺十一秒三，是新加坡中學生的短跑紀錄呢。

我們全家去新加坡時，男孩老二的維嶽，才上小學六年級，他上的學校在十條石，就是距市中心十英哩的地方，我們家在南洋大學裡面，相距將近六英哩，一天忘了帶零用錢，沒錢買車票，他竟踽踽獨行的走回了家。他小時候，大概是六歲吧，從媽媽的皮包裡，拿了十元去買零嘴，回家後，他媽媽責問他：「你都買些甚麼，得開一張清單給我看，才不罰你。」他不慌不忙的，寫下一二十樣的名目，那時他剛上小學一年級，有很多字不會寫，他就用國語注音符號，足足寫了將近一英尺長的清單，至於價格，阿拉伯字是會寫的，加起來竟一分錢也沒差。還有一次端午節，妻包了粽子，個兒挺大的，包了六個，要他帶去送老師，回來問他，老師謝謝你沒有，他停了一下，低聲說，我都吃了，我說他是大肚漢吧。

令昭從小淘氣，一天，她灰頭土臉的跑回家，滿身泥，問她怎麼了，她不說，後來才知道，她在馬路上竟然做起交通警察來了，一個騎脚踏車的年輕人，大概不聽她指揮，直朝她衝了過來，從她腹部輾了過去，竟毫髮無傷。她從小喜歡狗，看到狗，總愛上前逗弄，偏偏狗不大喜歡她，先後四次被狗輕微咬傷，直到現在三十七、八歲了，依然如此，眞是江山易改，本性難移。

我去南洋大學任教，是民國五十四年的事，原只想去教一兩年，不能貿然辭去在臺大的職，先只向臺大告假兩年，這是按照請假規則所允許的最長期限，兩年之後，南洋大學黃應榮校長堅留不放，我才決心全家前去，立即向臺大請辭，而且在啓程前往新加坡的前一天，交出臺大配住宿舍的大門鑰匙。當時臺大總務長周廣周先生，勸我不必如此規矩，實事上，有些離職的人霸佔公家宿舍，十年二十年不還，是屢見不鮮的事，甚至將房屋出租的都有。我作過總務長，怎麼能效尤呢，守法的人，只有吃虧的份，我一生行事，往往類此。

父母變更工作地點，尤其是更改了國度，受影響最大的，是他們學齡孩子。學歷、課程內容、教學媒介語等，都有了改變，孩子們很難適應。我們家去新加坡時，孩子們在學校的年級，依順序是初中二、初中一、小學六、小學四，剛到的一兩個月是調適期，過了一兩年升級了，分別進入初高中。新加坡的學校，有華校英校之分，一換媒介語，又得花相當的時間去適應。新加坡獨立了，可是學校文憑仍和馬來西亞掛鉤，馬來西亞文憑代號，是1、2、3，1、全部及格，2、是部分及格，3、是不及格。新加坡的文憑，從4號開始，是全部合格，5號是部分合格，6號是不合格，7號我就不大清楚了。令儀高中畢業時，得到新加坡4號文憑，就是臺灣的甲等，很順利的，申請到臺灣的僑生入學資格，進入臺南國立成功大學建築系，完全符合我們的心願。維正同樣取得4號文憑，同樣申請僑生入學，不久，得到僑委會的通知說：「錄取新生，最低是丙等，該生成績爲丁等，不予錄取」，這眞是晴天霹靂。我明知「一字入公門，九牛拖不出」，現在是「一字出公門」，那必是「九牛拖不進」了。可是我不甘心，寫了一信給僑委會和教育部，告訴他們，4號文憑是甲等，決非丁等，爲了取信他們，還請當時我政府派駐新加坡商務代表張彼德先生公證我所言屬實，又寫信給屈翼鵬兄，託其向兩機關經辦人員說明實情，得到的答覆是他們也知道錯了，但是經過開會決定的事，不能改變，這是百分之百的官僚作風。我一氣之下，寫了一封三千字的信，給當時的行政院長蔣經國先生，痛快淋漓的、毫不留情的加以指摘，「不惟有背政府關懷僑教之至意，抑亦有辜海內外千百萬僑胞嚮風慕義之赤忱！」官場文化當然官官相護，不久，我得到經辦單位的覆函，十二個大字：「令郎已改分大學先修班就讀」，不作任何說明。我兒子覺得和姊姊成績完全相同，沒理由接受差別待遇，結果轉赴加拿大就讀了。以後維嶽、令昭兄妹，同樣拿4號文憑，同樣申請僑生分發，經辦單位一看家長姓名，回信都是三個大字：「不合格」。第一次說明了丙等丁等，挨了三千字的痛罵，這次不說理由，你就是不合格，其奈我何？這就是大有爲政府的「大可怕」作風！

孩子們倒是都上了大學的，可是都是在加拿大上的，所幸中學上的是華校，自己的母語文不至於全忘掉，不然眞成了外國人了。

7 代理臺大總務長

民國四十二年四月或五月裡，臺大校長錢思亮先生和我商量，希望我代理總務長。當時總務長一職，是由外文系副教授黃仲圖先生代理，黃先生是一位志誠木訥的君子，可是總務長作久了，總難免有的同仁，如修繕宿舍、借支薪水、或其他因公因私要動支銀錢的事，要和總務長打交道，稍不如意，便得罪了人。錢校長和我說：「就要開校務會議了，聽說有人要借題發揮，和學校爲難，主要的目標是總務處，希望你幫忙，允爲代理總務長，心懷不逞的，失去了目標，這次會議可能開得平安點。」我自知個性剛直，不適合擔任此職，吾鄉有句俗話：「當家三年狗也嫌」，要我當家，可能三個月也呆不下去，因此力辭。校長大概一時實在找不到人，才想到找我去承乏，直到開校務會的前一天，仍無著落，急得向我打恭作揖，我才勉爲其難的點了頭；但有一個條件，請他繼續物色，一有人，我立刻交卸這職務。他同意了，立即將文書組主任周天健先生請來，交待代理總務長人事更動的布告，錢先生才放下心頭一塊大石。錢先生所說有人要「借題發揮」，可能是指那年有兩位法學院教授未獲續聘一事有關，時間過得太久，不大記得淸了。

錢先生用了釜底抽薪之計，那次校務會議，果然未生事端。時間已到了學年度終了，我記得我就此新職，是民國四十二年七月一日，就在六月三十日，老天爺開了個大玩笑，颳了一個大颱風，風狂雨驟，固然是大家遭殃，但總務處職司房舍修繕，年度終了，預算早已用罄，七月一日是新年度第一天，那來的錢應急？

我住紹興南街宿舍籬笆倒了，屋瓦被吹落了不少，滿屋子擺著盆桶鍋碗，大小容器，全派上了用場。到總務處上班後，請求修理屋漏、圍籬倒塌的電話紛至沓來，我對主辦單位的工務組作了原則性的指示：屋漏優先，圍籬次之。竟有兩位老資格教授，一位要求修理紫籐花架，一位要求加高圍牆，都委婉告以必須從緩。孟子說：「爲政不得罪於巨室」，我代理總務長的第一天，便得罪了兩個巨室，後來爲了汽車修理，竟連校長也得罪了。

當天傍晚回家，母親告訴我：「今天先後約莫有十來個人，從倒塌的竹籬處走到我臥室的窗口，探頭向裡張望，張望過後，又都一言不發的走了，很奇怪。」我告以在辦公室的遭遇，母親明白了，對我笑笑說：「你作對了。」巧婦難爲無米之炊，人家多能諒解，但假如巧婦自己先偷偷吃飽了，家人卻連米湯也沒得喝，雖家人父子，也非大鬩其牆不可的。

第一天算是平安度過，以後遭遇的難題，大抵都是雞毛蒜皮的小事，我堅守一個原則：有關自己的事，都擺在最後，決不優先；至於大的開支，照預算來；同樣列有預算則按輕重緩急。這樣子雖不能皆大歡喜，也不致怨謗叢生。

至於開罪校長，那是由於旁人煽構。其一，校長的座車稍舊了些，校長清廉，不肯爲自己列購買新車的預算，這是值得敬重的；但因此要常修理，有一次一週之內，報修了三次，假如眞如此不堪使用，那總務處有責任編買車預算，或是報大修，另調他車供校長使用，這是做得到的。常常小修，校長一樣的不方便；而經手的人，則往往上下其手，找點油水，也是有的。在第三次報修的簽呈上，我批了：「先請工務組檢查。」過了幾天，請校長核批公文時，校長閒閒的說：「事有輕重緩急，不能樣樣都要請專家。」我明白了是汽車修理的後遺症，便略陳原委，校長也沒再說甚麼。後來經打聽，有一天汽車在半途上抛了錨，司機說車壞了，校長問爲甚麼不修，司機答以總務長說要先請專家檢查再說，多虧校長賢明，我只吃了一點小小的排頭。另一次則比較嚴重些，這是我交卸了總務長以後的事，爲了方便，記在這裡。我接總務長後，工務組尹主任請辭，挽留不住，我另請一位土木系畢業、卻有豐富的修建房屋經驗的傅積寬先生來接任，傅的太太修澤蘭女士，是名建築師，臺北烏來的花園新城，便是他夫婦二人規畫興建的。我接代總務長時，原就要求校長積極物色專任的人選，不久請到了高化臣先生，我得卸仔肩，仍專任校長室祕書如故。高先生留傅先生任工務組主任，傅任此職，是經我情商的結果，繼續留任，也是經我勸說才首肯的，一天，傅拿了一份房屋設計圖來看我，說：「這是高先生請旁人繪的圖，要我蓋章負實際設計的責任，這章是否能蓋？」我說：「不管誰畫的圖，我只問從專業技術的觀點，這圖能否用？」傅說：「就是有點問題。」我答以：「既然如此，當然不能代人受過。」過了一兩天，校長叫我到他辦公室，高總務長已先在，我一進門，校長怒氣沖沖的問我：「爲甚麼不教蓋章？」

說著將一份文件，扔到我面前。以前校長總是和顏悅色的，像如此怒斥，是唯一的一次。我接過一看，是那張房屋設計圖，立刻明白是怎麼回事，我承認我脾氣不好，但我服理，假如我理虧，受申斥也只好認了，不然，我決不接受這種侮辱。我立刻將原件扔回校長辦公桌上，說：「工務組是總務處的單位，這事你應該問總務長，我沒義務作答。」這下子鬧僵了，高君立刻向校長打躬作揖，請他息怒，一面半勸半拉的將我拉離了校長室，這事件的經過，校長室機要祕書那廉君先生是全場目擊證人。第二天，校長上班時，經過我的辦公室，很和氣的對我點了點頭，說：「李祕書，早！」據我的記憶，這是八年中唯一的一次，大概他知道前一天是錯怪我了。

還有一件事，乾脆也都記在一起，因為這也是高君總務長任內，所發生的與校長室祕書有密切關聯的一件事。臺大農學院有個單位名叫實驗林的，有六十甲林地。這在臺灣大學內，是和醫學院附設醫院並稱的兩個備受社會人士矚目的大機構。實驗林轄地廣袤，管理不易，最受垢病的是濫墾、濫伐、盜伐這幾個積弊纍纍的案例。所謂濫，簡單的說就是不合法，盜的不合法，就更不必談了。據我的判斷，一兩個善民，最多只能盜伐十株八株的成材，到了大規模的濫墾、濫伐，要說沒有黑道介入，是很難令人置信的；至於金權嘛，衡之濫墾、濫伐的規模，少數人的微薄資本，怕也辦不了事。所幸那時候的黑金勢力，還沒有和當道掛鉤，不敢過於明目張膽；假如訴之法律，法院裡也還不乏判原告勝訴的案例。實驗林裡，有些纏訟經年的積案，牽涉到校內外頗多方面；既然纏訟，直接牽連到法院；是否該墾該伐，是學術實驗問題，歸農學院森林系主管；墾、伐、出售，又直接牽涉到總務處。以上各方面作出的決定，要經校長核可的，必須先由校長室祕書查卷、核稿。那些經年積案的案卷，每一件差不多都有半尺以上到一兩尺不等的卷宗。我以一個沒有行政經驗的人，去作祕書，當然先要完全掌握案情，說到這裡，我就要歸功讀小說的功用了。小說上常描寫到各級衙門的大小師爺，都是有系統的，主官可以走馬燈似的換，師爺卻是鐵飯碗，輕易動他不得，不然，師爺只要不跟你合作，吃不了兜著走的，必是主官。據說師爺收徒弟，不二法門是讀卷，也就是讀各種檔案，等檔案熟了，這衙門裡的全盤政務，也都了然於心，就算出了師，有資格作師爺了，到了這個火候，主官沒有你，就寸步難行了。我有了這個認識，到祕書室後，要批的公文，凡牽涉較廣的，一定先調齊檔案，從頭翻閱；要不然，眞會像孟眞師說的，一個圖章蓋下去，就可能將主官送進監牢，這說法雖有點誇張，但出紕漏是一定難免的。

實驗林有一件纏訟經年的濫墾案，經判決獲得勝訴，照理濫墾戶是不能主張任何權利了，但後來林木成長到可以砍伐的階段，濫墾戶要求砍伐的權利，演變到由內政部、農林廳、臺灣大學、實驗林、濫墾戶等五造開會協調，由內政部召集，後來由內政部函送會議紀錄，決議同意濫墾戶有砍伐出售的權利。公函到了臺大，總務處即據以辦稿，用校方名義，發函各有關單位，遵照辦理。有一天，總務長高先生，親自拿了這份函稿到校長室，請校長判行，校長不在，高君要我代判。照常例，例行或不重要的公事，校長室祕書，原是可以代判的，但我覺得茲事體大，要是代判，便屬越權，當即告以此意，高君聽了，頗感不悅，說：「這是經過有關各機關開會決定的，而且由召集機關內政部，正式以部函通知辦理，程序完全合法，現在濫墾戶代表多人，正在我辦公室坐候，你不肯代判，事情耽誤了，要是激起民變，你可要負責。」我立即答說：「我一定負全責，可是我仍不能代校長判行。」高君氣沖沖的走了。

第二天上午，校長一到辦公室，我立即將這份函稿，連同有關檔案，抱進校長室；我說抱，一點也沒誇張，因爲這是多年積案，卷宗多，加起來，足有一尺來厚。校長最怕看公文，尤其是附有一大堆檔案的，一見到我，眉頭就打了結：「我那有時間看。」我是準備好了的，立即將內政部來函中同意濫墾戶砍伐出售的議決案指給他看，說：「校長只要同意這條議決文，就可判行，案卷是怕您有甚麼不明白的，好檢卷供您參考的，不是要您全看。」校長一看，立刻說：「這怎麼可以，怎麼會作成這種決議案的，請文書組周主任來。」這是實驗林的大案，來龍去脈，校長大致明白，所以才有這種立即反應。周主任到校長室後，校長請他立即擬稿，向內政部查詢，一兩天之後，覆函來了，主要的答覆，只有四個大字：「紀錄錯誤。」這案子大致就此終結，紀錄錯誤的責任，沒聽說內政部追究，民變當然也沒有被激起，代表臺大出席這個會議的人，當然心裡是雪亮的。官府和黑金掛鈎，不過是「如今爲烈」罷了。

上面所記，事情的發生，大概是民國四十二年初，已過了整整四十二年，現在全憑記憶，不敢自信能夠百分之百的正確，但整個案情的經過，是決錯不了的，關係人的對話，在我尤其印象深刻，可以說一字不差的。

我記得兼代臺大總務長，是民國四十一年七月一日履新的，任此職四個半月，據此推算，應是同年十一月十五日辭卸兼代職務的。

8　母親腦中風和棄養

母親是民國三十九年來臺灣的，其實她老人家五十九歲，一向身體健康，不大生病，也不顯老。都怪我疏忽，明知外家有高血壓病史，外公、外婆和四舅父都死於腦中風，竟然沒有去看醫生量血壓。她老人家來臺後，看到我結婚，孫兒女相繼出生，雖然收入微薄，物質生活苦一點，但精神愉快，也過了幾年平淡安適的日子。

民國四十七年五月二十日，我從臺大下班回家，坐在客廳看報，母親在旁面爲孩子們縫補破襪子，三個較大一點的孩子在院子裡嬉戲。忽然聽到母親：「哎……」的聲音，好像是制止維正爬樹，我也沒在意，幾秒鐘之後，別過臉一看，她老人家頭向右歪著，右手下垂。我猛然察覺，是出了嚴重問題了，立刻打電話和臺大醫院聯絡，不久，救護車來，趕緊將母親抱上車，放在後座，她老人家還沒完全昏迷，伸出左手攀住椅背。從家住的紹興南街到常德街的臺大醫院很近，大概兩三分鐘就趕到了急診室，那時我自己反倒陷入半昏迷了似的，妻是否到了，孩子們在家裡是如何安排的，醫生如何急救，我竟一點都不記得了。

母親一直陷入完全昏迷，三天三夜，我因爲是校長室祕書，和各科醫師都比較熟，他們也都熱心救助病人，作了最妥善的醫護。這其間，還請到一位來訪的美國醫生，據說是腦血管病專家，經他診察的結果，說大半已是無望。誰知，第四天，奇蹟出現了，母親又漸漸甦醒，作各種診察時，也有了反應，醫生宣布，命是保住了，至於能恢復到甚麼程度，還很難說。想像得到，三十七年前的科技，不能和現在比，但我相信，她老人家已得到當時所能有的最好醫療了。也不知過了多久，能完全清醒，可以接受餵食，大小便知道通知家人，而且確知沒有併發症後，院方要我將病人接回家中休養，吩咐餵易消化、富營養的食物，卻只帶回不很多的藥物，就從此開始了漫長的、五年零兩個月不能言語、半身不遂的生活。

那眞是一場漫無止境的夢魘，沒有經驗過的人，很難想像。母親當然完全了解自己生了甚麼病，這是從外公外婆兩人的病得到的知識，從她老人家只肯接受餵食，藥物一入口，就立即吐出來，可以想知她老人家的心情。

我每天爲她老人家按摩，並運動大小關節，包括每一個指關節，以防一旦中樞神經漸漸復元，而關節僵化。每天多次的幫助病人翻身，後來她老人家自己也能用左手攀著床緣翻身了。天氣稍熱時，每天至少抹身一次，保持乾爽，促進血液流通。這都是遵照醫生的吩咐作的，完全發自眞心，毫無怨尤，親友們都說我孝順，我自己知道，我那麼作，完全自動自發，沒有絲毫造作；但等到五年後，母親臨死之前，明知一切絕望，我內心開始感到厭煩了。內心厭煩，我不說，旁人也不會知道，尤其事過三十多年，我又何必說出來；能博取一個孝子的美名，有何不好。我是率性而行，不願盜名欺世，比起一些作了見不得人之事後，還要宣稱自己光明磊落的人來，是徹底不同的兩種人。

母親病情一直很穩定，醫囑食物以易消化、營養豐富為主。我們一直很小心，每天總將肉、菜、蛋、豬肝之類的食物絞得碎碎的，煮成稀飯，餵她老人家。沒想到這種東西吃久了，一定倒胃口，一天正餵食時，母親忽然一臉不高興的樣子，我們正不知甚麼事情，惹她老人家生氣，母親忽然說話了：「我又不是要吃魚菜，要吃肉菜。」我楞了一下，才會過意來，她老人家的意思，是嫌飯食倒胃口，才說：「我又不是要吃大魚大肉。」語法雖然有點失常，但無論如何，說了兩句完整的語句，以為她老人家的語言中樞，突然恢復功能了，我們高興得甚麼似的，可是以後又不會說了。就在那幾天，我密集的教她老人家說單字和單詞，我拿了一個茶杯說：「茶杯。」她老人家努力了一會兒，學著說：「拿杯。」大概「茶」的發音比較困難，說了一個音近字。這是她老人家在臥病的五年多裡，說過的僅有的三句話，不知在復健醫學的觀點，這種腦中風的病人語言學習情形，對她老人家的表現，有甚麼樣的解釋？

病情如此穩定，維持了將近五年，有一天我為她老人家作例行的按摩時，忽然聞到了一股臭味，還以為是排了糞便，這在臥房裡沒旁人在時，偶然會有的，但拿下尿布來，沒見有糞便，臭味卻更重了。我直覺的認為這是新的症狀，立即趕到臺大醫院，找熟識的邱仕榮教授，他建議送病人到醫院，我立即遵辦。邱教授是婦產科名醫，經診查後，很肯定的告訴我，是末期的子宮癌。這次住院時間很短，記不清有沒有半個月，一天，邱教授表情嚴肅的和我說：「李先生，我今天是以老友的身份，向你鄭重的建議，你老太太不必住院了，她的子宮癌是末期，決無痊癒的可能，現在癌細胞還沒擴散到子宮之外，因此還不痛，一旦擴散了，會痛得不能忍受；再說，就是子宮癌治好了，五年的中風，也決無痊癒的可能，不如現在回家休養。看情形，不出十天半個月，老太太會很安詳的過去，毫無痛楚，爲人子者總不忍心看著親人受折磨吧！這些話，不是醫生所該說的，你自己好好斟酌吧。」

這是民國五十二年六月下旬的某一天，邱教授對我的建議，我感謝他的肺腑之言，我立即作了理智的決定，將她老人家接回去。七月三日一大早，女傭急忙忙的告訴我：「老太太過世了，昨晚沒有任何聲響。」邱教授的判斷，完全正確，母親是在全無痛楚的情形下，安詳逝世的。

「安樂死」至今仍是一個讓世人難以作定論的問題，我覺得不必牽扯上太多的宗教、法律等周邊的問題。專業醫生的正確判斷，和病人的自主意願最重要。母親的死，有點類似「安樂死」，我至今仍覺得當時的決定，是明智而合理的，明知已毫無治癒的希望，何必讓她老人家承受非人所能堪的折磨呢？

9 辭去臺大校長室祕書

自民國三十九年九月起，應孟眞師之命擔任臺大校長室祕書，迄至四十七年五月母親腦中風止，我任祕書職已七年又八個月，一直以中文系副教授名銜兼任如故；師友們關心我的，覺得我擔行政職務，耽誤了學術職銜的升遷，也認爲我有權向校長要求，改聘我爲中文系教授。對師友們的善意，我只有感謝，我覺得不能因爲行政工作的貢獻，而要求校長以學術職銜作酬庸。因之，在近八年的時間裡，不止一次的向錢校長請辭祕書，都未獲准，也只怪自己對研究工作缺乏信心，也沒興趣，也就因循下來了。妻對此甚爲不滿，也未徵求我的同意，私下拜託李濟之、董彥堂、沈剛伯、勞貞一諸先生，請他們向校長進言，同意我離開祕書室。這情形很多年後我才得知。直到母親病倒，我必須留在家裡侍候，不管校長如何慰留，我終於民國四十七年九月，辭去了臺大校長室祕書職務。(究竟是四十七年還是四十八年，記得不很眞切了。)

10 回史語所恢復研究工作

前面記述辭去臺大校長室祕書的時間，記憶有點不眞切，現在想到拙編《甲骨文字集釋》一書，是從這時開始的，而此書是民國五十三年脫稿，總共花了五年又幾個月的時間，這幾點，我是清楚的記得的，據此上溯，我辭祕書職，應該是四十八年，才比較正確。好在這只是我個人的私事，無關宏旨，交待一句，也就是了。

回到史語所恢復研究工作的同時，也在臺大中文系開了一門歷代文選的課，這是中文系二年級的必修課，擔任中文系副教授的名義九年，這可是才開始名副其實的擔任了副教授的工作。

至於研究工作，放下得太久，對自己的能力，老實說，也無法作正確的評估。我想我的碩士論文，題目是《甲骨文字集釋》，雖然這本論文，被北京大學弄丟了，可是花了我三整年的時間，稿子也有六十萬字，對於古文字，也有了點基礎，竊不自量，想在這基礎上，爲《說文解字》作新注。寫到這裡，讓我想到良師益友的重要了，當我將此意和周法高兄談及時，他考慮了一下，說：「你的碩士論文很有參考價值，可惜被學校弄丟了，我看不如另起爐灶，重寫此書，一定很有意義。」我立刻聽懂了他的本意，他不好說我當時的學力，不夠爲《說文》作注，卻委婉的勸我重理舊業，我立刻接納了他的建議，重新開始了我的研究工作。

我在北京大學文科研究所畢業，是民國三十三年，到民國四十八年，足足的十五年，所從事的工作，如博物院、圖書館、大學行政，對社會，也許能說得上有點貢獻，但對一個從事研究工作的人而言，卻純然是孟眞師所說的外務。人的一生，能有幾個十五年，尤其是精力旺盛的十五年，在沒有回到研究工作的崗位以前，我活得心安理得，但等到重回史語所，我眞感覺到這十五年的黃金歲月，眞的是虛擲了。因之在那幾年裡，我拼盡了我的全付心力，焚膏繼晷，每天工作，總在十小時以上，有一次屈翼鵬兄笑笑的和我說：「陸琦，從我認識你以來，從沒見你這麼用功過。」說眞的，昔年同學皆不賤，他們的教授都作了十多年了，我還在原地踏步。

民國五十二年，我也成了研究員，那時，我是臺大和史語所合聘的，史語所是所方主動提名的，可是臺大的規定，升等要自己申請。我不大習慣毛遂自薦，可是史語所已升爲研究員，在臺大仍任副教授，總也說不過去，於是寫了升等申請書，瞰系主任臺靜農先生之亡，而往拜之，將申請書擺在他辦公桌上，一秒鐘也沒停留，趕緊逃之大吉，就冒了這麼一點險，我終於結束了十三年的資深副教授生涯。

《甲骨文字集釋》書名雖沒改，可是事隔十五年，資料增加何止倍蓰；那時工具書，一種也沒有，島邦男的《殷墟卜辭綜類》，也是《集釋》成書之後三年才出版的，所有蒐集資料、寫卡片，全靠我一手一足之烈，其中甘苦，眞不足爲外人道。偏我又是死心眼兒，一點不肯馬虎，就如卜辭「貞旬亡禍」之文，累數千見，其中「禍」字，各家釋讀不同，約有八九種意見，我只好就卜辭著錄中，一條一條的翻檢，花了約兩禮拜的時間，才判斷釋「禍」是正確的。其實這種工作，讀者是看不見的，我爲了對自己的學術良知負責，仍然這麼作了；我常對學生說，我這拙著，唯一的優點，就是一個「誠」字，我要求自己立身處事的標準，也正是這個「誠」字。

現在去此書成，又過了三十一年，拙著早該增訂了，假如有人對古文字學有好的基本訓練，又肯認眞去作，那一定是後來居上的。

11　文字學研究新方向的探索

大概就在民國五十三年，李濟之先生覺得中國的上古史，應該根據考古學田野工作的成果，從神話的範疇裡解放出來，加以改寫，於是組織了一個「中國上古史編輯委員會」，集思廣益，將中國的上古史，分擬了一百個專題，分邀各方專家，負責撰寫。「一百」這個數字，是偶然湊成的，並無特別的意義。李先生指定我寫三個專題：⑴〈中國文字的原始與演變〉，⑵〈殷商的政治勢力範圍〉，⑶〈占卜習俗的起源〉。第⑵題的主要資料來源，當然是甲骨卜辭，可是材料不夠充分，而且古地理的知識，我很缺乏，我婉謝了；第⑶題我不感興趣；第⑴題對我很富挑戰性。沒經過好好的考慮，貿然就答應了。濟之先生的要求，只要將大家公認了的結論，組織起來，寫成教科書，不要寫研究性的論文；我表示傳統文獻上有關這方面的記載，大抵是推測之辭，難以證驗，一定要求將這個課題，寫得近於信史，恐怕要大費周章，濟之先生也同意用研究性論文的方式來寫。當簽訂撰寫合約後，我應聘去了新加坡，到南洋大學任教，等安頓下來之後，開始思考這個問題，誰知竟茫無頭緒，一年之內，四易其稿，竟然沒有一段能讓自己滿意的，心想，這是力有未逮了。

第二年暑假回臺灣，去看李先生，陳明此情，要求解約，李先生大不高興說：「另兩篇你不想寫，我同意了，這篇你也說力有未逮，那這幾年你在臺大中文系擔任文字學的講授，難道你是在騙學生？」對一個教授來說，這種話是最嚴厲的斥責了。我因爲自己理屈，他的責備，也激起我的鬥志。

史語所發掘安陽小屯殷墟，和甲骨文一起出土的有大量陶片，其上有一批刻劃的文字，和甲骨文幾乎全同。早在民國三十四年，濟之先生曾經要我作了考釋，收入《小屯》考古報告〈陶器〉編，充附錄。其實我早該知道陶文和日用文字的密切關係，就因爲它和甲骨文全同，竟然忽略了可據以探索文字起源的重要價值，不然，我對漢字起源與演變的研究工作，可以提前二十年開始了。不可原諒的疏忽是，這種愚昧，一直延續到寫了若干篇史前陶文與漢字起源的文章之後，才憬然而悟，小屯陶文與甲骨文的契合，不正是從陶器上的刻劃符號探索漢字起源這一新概念和一系列新工作的結穴所在？這遲來的欣喜，也爲自己原創性的概念，作了明顯的見證。

民國五十五年，在臺灣度假後，回到新加坡南洋大學任所，硬著頭皮，重新思考〈漢字的原始與演變〉這一課題，對如何入手，我仍在愚昧之中。一天，忽然想起，何不從新出版的田野考古報告中找找看，也許能得到點線索。立即去圖書館，看到一本出版不久的《西安半坡》考古報告，是西安近郊半坡所發現的一處仰韶文化遺址的發掘報告，皇天不負苦心人，果然發現載有在該遺址出土的若干陶片圖片，上面有二十二種刻劃符號，該書的編者說，可能和早期漢字有若干關聯，我確認爲那就是早期漢字的雛形。大喜過望之下，又想起《城子崖》報告上，也有類似陶片符號的登錄。循此線索，又找到《二里頭發掘簡報》，也登載了二十四個陶符，可笑的是，仍然沒有想起小屯陶文！

不管怎樣，我找到的雖僅寥寥可數的三、四批資料，我卻建立了信念，我的探索工作，終於有了著力點，也眞正開始了，那是民國五十八年的事。我撰寫〈從幾種史前和有史早期陶文的觀察蠡測中國文字的起源〉一文，連同前一年完成的〈從六書的觀點看甲骨文字〉一文，合而爲一，稍加補充和整理，湊成〈中國文字的原始與演變〉一文，終於可以向濟之先生交卷，而且得到他的奬勉和稱讚。以這篇文章爲基礎，二十多年來，我都在這大課題下，完成了一系列的論文，最近又撰成〈試論中國文字學研究的新方向〉一文，將在史語所紀念傅斯年先生百年冥誕的論文集上發表。

感謝濟之先生的督責，使我近二十多年來，展開了確定的工作方向，而且多少有了點心得，那些內容，不適合在回憶錄裡討論，大部分的論文，已集結成《漢字的起源與演變論叢》一書。

(丙)　新加坡南洋大學十三年

提筆寫下這個章節的標題，就必須作補充說明，說十三年，是取個整數，實際上，從五十四年四月七日抵星，到民國六十七年五月底，我滿六十足歲，從南大退休，返回臺灣止，十足只有十二年又十個月。我之所以不殫煩的作了許多嚕囌，一是不願假塡年資，二是說明我是屆齡退休，而不是像老友某君所說「後來系主任就『離開了』學校」，那麼曖昧不明。其實，老友不是也「離開了」新加坡國立大學的嗎？我不願在這個題目上作文章，遲早人總是要離開人世的，汲汲營營，所爲何來？

1 民國五十四年七月四日到新加坡

拙編《甲骨文字集釋》是民國五十四年初全書出齊的，返回史語所後，第一種研究工作，算是告了一個段落；當時已擬好一個《金文集釋》的計劃，並向國科會申請研究獎助金獲准，正打算休息幾天，就進行新的工作。就在那個當兒，接到友人楊樹人先生從新加坡來信說，南洋大學黃應榮校長託他物色一位中文系主任，問我是否有意？這是一個很偶然的機會，經過周詳的考慮，覆函告以正打算作金文集釋的工作，這方面的資料，在新加坡怕是較難蒐集，我希望暫以兩年爲限，學校和我，雙方都有考慮的空間。經過幾次信件往還，事情就這麼定奪了。

決定之後，先向史語所和臺灣大學告假兩年，於五十四年七月四日，乘中華航空公司班機飛星。記得到達時，已近午夜，是在舊機場著陸的，當時臺、星兩地的工商各方面的建設，都遠不及現在繁榮。在入境門辦理手續時，頭頂上的大吊扇，慢條斯理的轉動著，燈光也不大亮，令人昏昏欲睡。辦完入境手續，聽到有人問我：「是李教授吧？」問訊之下，才知是文學院長饒餘威先生，另一位年輕人，似乎是中文系助教蘇新鋈先生，記不大清楚了。機場在新加坡的東北角角上，南洋大學在西海岸十四條石，所謂幾條石，是從市中心起算，距離幾英哩的里程碑，市郊外缺少路標的地方，這是一個容易記、也容易找的好方法。車程約莫三十英哩，沿路經過了幾處夜市，有一處最熱鬧，後來才知是七條石，市聲喧闐，聽到的、看到的，幾乎跟臺灣一般無二。到達南洋大學，已過午夜，當晚住在甚麼地方，第二天見了些甚麼人，作了些甚麼事，現在竟一點印象都沒有了。

2　南洋大學中國語言文學系

南洋大學是一間新創辦的大學。抵星後，不止一次聽到當地各界人士和南大師生津津樂道，一九五五年創校之初，富商巨賈，販夫走卒，慷慨輸將，奔走呼號，萬眾一心，熱烈感人的故事，在在流露中華文化在新加坡華人社會，植根之深，涵泳之廣。當地華人社會，對中國語言文學系，尤其是愛護有加，寄望殷切。歷任系主任，都是新加坡政府從臺灣高等教育界遴聘擔任；所訂課程表，和臺灣各大學中文系，如出一轍，除了將「國文」一辭，改稱「華文」外，幾乎連小異都不存在，只要看系的全名，和課程表的結構，任何一位中文系科班出身的人士，一眼便能看出，是從傳統中國中文系全盤移植過去的。我在中國大陸中央大學中文系畢業，到臺後，又備員臺灣大學中文系教員，碩士學位是在北京大學文科研究所唸的，我這不是報履歷，目的是要說明我是中文系科班出身。到南大承乏中國語言文學系系主任，自然是一仍舊慣，順理成章。誰知事實竟是大謬不然。我在南大服務近十三年，兩度擔任系主任，也兩度辭職，我和新加坡政府、南洋大學學校當局意見相左的，問題竟然全出在課程表的安排上。這種結果，不但局外人難以了解，怕也難以置信，我將在下文中覶縷細陳，以供關心此一問題的朋友們參考。近三十年中，凡曾在南大中文系任教的朋友，一一列舉於下，讀者諸君，如有興趣，不妨向其中任何一位打聽，以實吾言。至於這幾位朋友的大名，我是隨想隨記，決無先後之分。政治大學謝雲飛教授，中興大學胡楚生教授，文化大學皮述民教授，高雄師範大學應裕康教授、王忠林教授，他們目前（民國八十四年六月）分別任教於上述各大學中文系。本來還有一位賴炎元教授，不幸已於數月前仙逝，言之痛悼。此外，在東海大學中文研究所的楊承祖教授，也曾在南大中文系任教兩年，後因故卻聘返國，他也略知梗概。

下文將以南大中文系課程爲綱，分節細述，大致按時間先後安排，但年、月、日，是記不清了，甚至先後錯置，恐亦難免，如承讀者諸君指正，實所感幸！

3 《王賡武課程報告書》

我想這節的題目，應該是南洋大學課程報告書。撰寫這份報告書，先由當時政府組成委員會，王君是這委員會召集人，報告書完成後，冠以召集人之名，這大概是沿照慣例，或竟無南洋大學之名，也未可知。我到南大後，經常聽到這份報告書的大名，可是迄迄未曾見到過這本報告書的廬山眞面目。雖然後來對這本報告書的大致內容，也約略有了個輪廓，但那是從各種資訊，拼湊判斷而成，是作不準的。

要寫這個題目，先得對南洋當時的政治環境，略作交待，以助了解。課程報告，原應純然是學術性的，但這本報告的撰寫和實施，其動機卻完全從政治觀點出發的。

我們習稱的南洋，在地理上，應包括馬來半島、蘇門答臘、和婆羅洲，再擴大一點，便應連印尼群島也算上。在整個大區域裡，華人雖不少，但絕大多數，仍是馬來人，然而經濟命脈多操在華人手上，這種不平衡，容易引起種族糾紛，有個風吹草動，往往引起緊張氣氛。新加坡以彈丸之地，身處馬來西亞與印尼兩大之間，新加坡政府周旋肆應，很是謹慎，一向作得很成功。在一九六五年以前，新加坡還是馬來西亞聯邦之一個邦，這份課程報告書的內容，顯然對華文教育有壓抑的作用。究竟是馬來亞政府主導？或是新加坡政府主導？我不清楚，但二者都有可能，要是前者，那是順理成章的事；要是後者，則是新加坡政府的謹慎之處，孟子說的以小事大，正是此意。這個委員會的召集人王賡武，任教馬來西亞大學中文系（或者稱漢學系，我不清楚），是馬來西亞華人，他父親是柔佛州某華文中學的校長。委員共四人，一是臺灣大學校長錢思亮先生，一是哈佛大學的洪業教授，一是新加坡大學中文系客座教授王叔岷先生，還有一位，我想不起是誰了。王叔岷君在一九六三、六四兩年，在新加坡大學任客座教授，報告書應是成於此時。

背景交待清楚了，下面敘述一點這份報告書公布後，社會上一般的反映。我到南大沒幾天，中文系一位講師黃六平先生到我辦公室，問我說：「你和王叔岷教授是否同學？」我答以「是。」他說：「現在新加坡的華人社會，都認爲他是在出賣新加坡的華文教育。」我聽了很驚訝，說：「他是中文系科班出身的，怎麼會？」黃說：「有一份王賡武報告書，你知道吧？」我告以曾聽起，卻沒見過，黃君約略引述了幾點有壓抑華文教育之嫌的內容，我說：「這應是馬來西亞政府的授意，不能說是王先生的主張。」黃君說：「王先生在報告書上簽了名，是不是代表他同意了呢？」我無辭以對了。黃君任文字學，我讀過他的講義，是乾嘉派的正統，功力深厚，但比較少用新資料。第二學期，學校沒續聘他，我曾到註冊處，想挽回此事，註冊主任告訴我，黃君未獲續聘，是另有原因，我當然無能爲力了。

4　新加坡獨立

新加坡是一九六五年八月九日脫離馬來西亞聯邦宣布獨立的，那時我抵星剛剛五個星期，在那一陣子，我隱約感到一點緊張氣氛，有許多人買了超出需要的糧食和日用品，敏感的人，知道有甚麼事要發生。南大靠近西海岸，是郊區，那幾天，衝要路口，都派了雙崗，這暗示有發生動亂的可能，本地人都憂形於色，怕發生種族暴亂。在南洋說種族暴亂，換句話說，就是排華運動。新加坡華人約近百分之七十五，餘下的百分之二十五中，有印度人和混血種，馬來人是相對的少數，是不大可能有排華運動的，但那幾天的緊張情勢，是提防馬來西亞和印尼的馬來人滋事。

等到八月九日，新加坡宣布獨立，情勢明朗了，緊張氣氛也逐漸消除。

新加坡的獨立，據判斷應是馬來西亞政府的主意，原因當然是爲了執政所需要的選票。說得明白點，在聯邦政府中，馬來人雖居多數，但和華人人口的差距，不是很大，假如讓新加坡獨立，少了新加坡一百五十萬華人，相對的，馬來西亞領域中，馬來人在人口數量上的優勢，就大大的提升了，當時馬來西亞總理東姑拉曼，將李光耀踢出了聯邦，他在聯邦的執政權就高枕無憂了。說得顯白一點，這是批發的排華，李光耀在聯邦執政的雄圖也成了泡影，這是多數人的判斷，與事實大致也相去不遠。

5 中國語言文學系課程事件一

我用這個標題，是有原因的，在我任教南大近十三年的時間裡，這個問題一直困擾著我。剛到新加坡時，我即擔任中文系主任，幾年之後請辭；不久又重爲馮婦，最後仍是以辭職終場。兩次辭職，都是因爲課程表的事，我和新加坡政府當局的意見相左。我所不贊同的課程，經判斷，都是《王賡武課程報告書》所規定的，這些事件，前後雖歷經十二三年，事件的發生，也非連續的，可是根源相同。我之所以不殫煩的細述，只是想證明我並不是一個不負責任的系主任，像王叔岷先生在他的回憶錄裡所說的那樣：「除了上課外，其他的時間，只是看報、打牌，不問系務。」我在本書的附錄裡，雖然已加辯白，但課程問題，太過複雜，而且王君的回憶錄未提此事，我在附錄裡，沒法提出來談。其實，《王賡武課程報告書》有關中文系部分，當然是王叔岷先生的意見，像如此影響新加坡華文教育的大事，王先生在他的回憶錄裡，正該大書特書，這應遠比寫南大的相思樹有意義得多呢。

應該是一九六六年的事吧，那是南洋大學新學制開始實施時候。所謂新學制，當然是相對舊學制而言，差異在於學生修業年限。舊制一律四年，和我們行之有年的學制相同；目前在臺灣正進行教育改革大計，關於修業年限，是否有改變的建議，我不知道，也不想在此作討論。新制是一律三年，期滿及格後，獲得普通學位，再在三年畢業的普通學位中，挑選前百分之二十（或者是前百分之二十五，我記不清了），繼續修讀一年，期滿，並撰寫畢業論文及格後，取得榮譽學位。榮譽學位，視成績好壞，又分一、二兩等，在就業的競爭上，榮譽學位，佔絕對優勢，這是英國制。何以作此改革，未見說明，新加坡政府，朝氣蓬勃，勇於改革，尤其是出自上裁的事，往往是一言堂，因之養成一大批奉命唯謹，甚至揣摩逢迎的下屬。這種現象，說好呢，就是政令貫徹，效率甚高；說壞呢，沒有深思熟慮的改革，往往未盡周延。發生干格難行，立即採取補偏救弊的新改革，後遺症也著實不少。我這些說法，是就一般而言，並非對新舊學制，有甚麼不贊同的意見。

南洋大學有教務會議的組織，成員是校長、副校長、註冊主任、三院院長和各系系主任，似乎沒有票選的代表，這機構和我在臺灣大學服務時的行政會議，是一個會商全校大計的所在，就此一功能言，又和臺灣大學的校務會議有點相近。我作此記述，只是想幫助讀者了解南洋大學的運作。但正如我上面所說，假如是出自上裁的事，是不必經過討論的，那這個教務會，就成了宣布政令的場合；有時候，上級沒有定見的案子，也曾有發言盈庭的情況，假如不能衆議僉同，多數決是有的，但由校長裁決的例子也不少。記得是李昭明校長時代，一次教務會上，提出一件有關學制變革的大案子，有位成員說，先就此案加以討論，李幾乎是立即的說：「不必討論了，已經決定這麼作。」李是從教育部長下來，接掌南大的，是強勢校長，還不是上上級呢。

一九六六年某月日，我出席南大教務會，那時，南大的高級教職，十之六七是從臺灣聘請過去的，也因此頗受訾議，誰也沒有挑明了講，卻是大家心知肚明的。出席教務會議的約十餘人，有很多是臺灣大學的老同事，如饒餘威、鍾盛標、許永綏諸教授均在座。那年，中文系將有新制一年級學生要實行新課程，事隔近三十年，有許多細節都記不清了；但有一樣課程，我堅持反對，再三、再四的發言，那便是將舊制兩年必修的十二個學分華文課程，改爲十二個必修學分馬來文。馬來文是舊制中文系課程所無的，這是《王賡武課程報告書》討好馬來西亞政府的設計，當然新加坡雖已脫離馬來西亞聯邦而獨立，卻爲了避免華文沙文主義的嫌疑，仍要施行這種課程設計，是一種政治性的表態；更明顯的，將原來兩年必修十二個學分的華文，改爲一年選修，而且只有三學分，新制三個學年，只有一百零八個學分，換言之，中文系學生，九分之一的學分，是必修馬來文。我主張將這設計掉轉過來，改爲華文十二學分必修，馬來文選修三學分。言之再三，在座沒有任何人發言，局面弄得很僵。校長黃應榮先生這時發言了：「李教授，你所反對的，正是政府決定要實行的，政府希望李教授不要再反對了。」我聞言後又起立，這時，坐在我右側的許永綏教授，輕輕將我的衣襟扯了兩下，示意我不要再講，我輕聲對永綏兄說：「我再講幾句話。」隨即將聲音稍稍提高說：「我是客卿，當然沒有理由堅持己見，反對政府的決定；不過政府讓我擔任系主任，我覺得有責任將我認爲不合理的事，說了出來，不然便是有虧職守，校長既有明示，我以後決不對此表示意見了。」

我雖愚昧，當然不會不知道我所反對的，是政府的既定政策，假如我是一個不負責任的系主任，只為了固祿取容，那我揣摩逢迎之不暇，何至於等校長明示了，還要表明立場？不料我如此作，仍蒙不負責任之譏，我最不甘心，正是這點。

後來，這課程實施一年，中文系學生馬來文過關的，大概十不得一，學校不聲不響的將課程表改成我一年前所建議的那樣，這當然不是我的意見被尊重，而是勢所必至，理有固然。

6　中國語言文學系課程事件二

這是黃麗松校長任內的事，我到南大任職，未滿十三年，前後卻歷經黃應榮、李昭明、薛、黃麗松、吳德耀等五位校長，最後，還有一任校務委員會主席陳君。薛、陳兩君，已忘其名，他們的任期，長短不等，但聘約上，應該是有聘期的。記得在一次校友會的餐會上，薛君以在職校長的身份參加，他致辭時說：「今天在座的，都是校友，有四年畢業的，有三年畢業的，我比較特別，只有兩年半就畢業了。」他到當天為止，任校長剛滿兩年半，大概已決定不續任，至於是主動還是被動，我不大清楚，但聽其辭若有憾焉，我想多半是被動的，言下全場大笑，這眞是千古雋語！其實兩年半，已經超過了平均數，而且留下了這句名言，可以永垂不朽；校長任內，有無重要貢獻，倒顯得沒那麼重要，他總算瀟灑地走一回了。

黃麗松校長，任職久暫，不記得了，為人有原則，負責任，雖然我和他的見解，不盡契合，最後還爲課程開設問題，意見相左，我因之辭出了系主任，但我仍然很敬重他，君子和而不同，應是此義。

黃先生任南大校長時，南大若干系已設有碩士班，中文系的碩士班最早成立，何時有博士班，我倒是記不清了。南大碩士班的制度，似乎每系系主任兼任所長，院長當然也綜理一院的研究生業務，當時文學院院長，是一位捷克籍的費希先生。一次，費先生召集各系主任開會，討論研究生的課程問題，他宣示：全院的研究生，開設兩門共同必修課：一是「研究方法」，一是「共同討論」。我覺得研究方法，須視研究標的內容、性質之不同，而各異其方法，假如讓各系研究生共同必修，那只能作原則性之提示，而難以擬具具體內容。我說：「大膽的假設，小心的求證，可以說是任何一科研究之指導原則，但僅此二語，太抽象，太空洞，至於具體的研究方法，卻眞的難以著墨。至於共同討論，我聽說聞名的大學中，在研究所是有這類性質的集會，可是那是專爲各學門資深而有特殊成就的老教授而設的，莊子所說的：『技近乎道』，就是這種最高境界。要求每一位剛剛進入研究所的年輕學生，作這種高水準的討論，未免陳義過高。」我說完後，費希先生和政行系系主任蕭慶威先生才說，這兩門課程，黃麗松校長授意開設，我建議暫時不作決議，將大家發言，送請校長過目，然後請校長提出指示，我們在下次會上再作決定。

過了幾天，費希院長再召開研究生會議，宣告黃校長堅持原議。我當然不再發言，散會後，即請辭系主任，具函請費希先生轉陳校長，蒙他同意，並指定蕭慶威先生兼代中文系主任。事後，中文系學生好像曾經向校長陳情，要挽留我，蕭也曾奉命到我家挽留，並問爲甚麼堅辭，我告以那兩門課我開不出來，只是辭職的導因，我和他（指蕭而言，那時似乎已由蕭任文學院院長了）難以合作，才是眞正的原因，他才知難而退了。

我說不能和蕭合作，是有許多原因的，事過境遷，而且有許多事，也記不清楚了，現在多說無益，只要看蕭先生聽我這麼說了之後，便爽快的不再挽留，就可見他也深具同感的。

我向黃校長請辭系主任之時，已近我五年教授聘期的尾聲。一天，黃校長請我去他辦公室，他說：「李教授，我知道你對我的意見，有許多不贊成，但請不要因此心存芥蒂，不久之後，你五年聘約就到期了，我要換發五年新約，請你務必幫忙。」我說：「謝謝校長的諒解，我當然也願意續約，不過有一句話我得先申明，在我職務範圍之內，我覺得我該說的，我還是要說，不能因爲你留聘我，就該說的也不說了。」他連說了兩句：「那是當然，那是當然。」

好像我接那份五年新約時，復任了中文系主任，這點我眞的記不得了。

7 中國語言文學系課程事件三

這是吳德耀校長任內的事了，吳先生是馬來西亞出生的華僑，這點我是得自傳聞，但大致不誤，南京金陵大學畢業，據說第二次大戰結束後，聯合國憲章起草時，他曾參加過，也曾擔任臺灣東海大學校長多年，應該算是中華民國公民。他哪年到新加坡接南洋大學校長，我記不很清楚，據我寫本書附錄時，查對我所寫日記的紀錄，他應該是一九七六年到南大的。他接任伊始，通知中文系處理課程表的情形，我在本書附錄裡已經詳述了，後來他雖沒有堅持中文系只開(1)中國思想，(2)中國語言文字，(3)中國文學三項課程，王叔岷教授仍然覺得吳校長原主張只開三課較好。我現在猛然想起，中文系只開三門課程，應是王教授在《王賡武課程報告書》裡面的主張，我眞希望王教授改寫他的回憶錄時，將這樁大事詳細紀錄下來，這是攸關海外華文教育的重要文獻，有重要價値，至少也免得像我這局外人盲人捫象似的亂猜一氣，要猜錯了，豈不令他代人受過。我在此鄭重的作此請求，也鄭重申明，萬一我的猜測錯誤了，一切當然以王教授的記述爲準。

附錄中我已說過，當吳校長處理中文系課程之後，我於一九七六年十一月，向他提出請辭中文系主任的辭呈，他留中半年，直等一九七七年我回臺度假時才批准，並請王教授繼任；到了一九七八年，我滿六十歲屆齡退休。這一切都是王教授目擊身親的，我的離開南大，眞的是像王教授《慕廬憶往》〈一見如故〉裡說他自己「光明磊落」一樣「光明磊落」，決不是他所說的那麼「曖昧不明」地就離開。

8　中國語言文學系課程事件四

這是一九七七年王叔岷教授接任南大中文系系主任之後發生的事了，我之所以將之納入我的回憶錄，而且上承事件一、事件二、事件三之後，列爲事件四，並不是想掠人之美，認爲這次課程表的安排也是我主導的，而是想將自己這不負責任的系主任的作爲，和王叔岷教授那種負責盡職的系主任的作爲，擺在一起，好讓讀者比較比較，看我是如何的不盡責，他又是如何的盡責？假如王教授也有機會讀到這本拙著，也請他自己作一次反省。

在早些年，新加坡一般輿論，認爲新加坡大學的中文系是漢學系，不及南大中文系課程完整，關於這一點，我將在下文〈新加坡大學中文系兼任講師〉一節中，再作略爲詳盡的敘述，此處暫且從略。在一九七七年，南洋大學即將被關閉，併入新加坡大學的傳聞，已甚囂塵上。在王教授接任系主任不久，新加坡政府正式行文這兩間大學，要求各系各自檢討自己的課程結構，然後將結果交給對方相應的系作參考，這件事立即傳遍全校，知道合併的事，已箭在弦上了。我正在想，爲了課程表的檢討，難免一陣忙亂，不料過了好幾天，沒半點動靜。一天，我到系主任辦公室外的書記辦公室，看到系主任辦公室的房門是關著的，我覺得有些不尋常，隨便和書記陳三妹小姐說了聲：「裡面有客人嗎？」陳小姐：「王教授和翁先生在談話。」翁世華先生是王教授在南大博士班所指導的在職進修畢業的博士，師生二人促膝密談，是很平常的事，也沒很留意。又過了幾天，仍不見系主任召集同仁檢討課程表的通知。直到一天，中文系每一位同仁，都接到陳三妹小姐送來一份文件，是兩份課程表，是南大和新大兩個中文系送請對方參考的課程表，這本是正辦，沒有甚麼值得大驚小怪的；但細看之下，就有點出人意表了，南大送過去的，竟是照抄新大中文系當時施行的課程表，一字未改；不可思議的是，新大送過來的，卻是南大中文系當時現行的課程表，也一字未改。新大中文系系主任顯然是順應輿情，也就本節開頭所說，社會各界對兩校中文系的月旦，這還易理解；但王教授和翁先生——據打聽，那天他們師生促膝密談的正是此事，何以竟有此匪夷所思的舉措呢？除了揣摩上意，實在難有更合理的解釋。當天我就去看王教授，我問：「我們的課程表相當完整，爲甚麼棄而不用？而他們卻又照抄我們的？」他楞了好幾秒鐘，才呑呑吐吐的說：「南大的中文系，是有毛病的中文系，沒有資格執行那份完整的課程表；新大中文系是健全的，他們才有能力執行，所以採用了我們的課表。」我聽了爲之氣結，話自然是談不下去了。聽說，同一天幾位從臺灣到南大中文系任教的同仁，都去看過王主任，是否提出同樣的問題，得到了同樣的答案，我至今全不知道，可能王教授以爲是我鼓動大家反對他，天曉得，這是人同此心，心同此理啊！

南大十二系，只有四系有教授，中文系雙講座，尤其顯得特別，可是我這位教授，在這樁大事的處理上，竟全未備諮商，這大概也就是他所說的「毛病」吧。古有伴食宰相，今有尸位教員，有甚麼好大驚小怪的，他這麼大包大攬的，師生二人如此擅專，正是他負責任、有擔當的表現啊。

9 學潮點滴

提起南大學生鬧事，不但在南洋大學是大事，在新加坡也是大事，我是一個從臺灣去教書的教員，從來也不參加政治活動，對於當地政府和學生間的恩恩怨怨、因因果果，也可以說一無所知。但有一點我是知道的，左翼份子鬧事，是不需要任何理由的，所謂「革命無罪，造反有理」，這種情形，是放之四海皆準的。

我本不想寫這題目，理由很簡單，我不懂政治，也根本無興趣，寫這種課題，又極易犯忌諱，我既不想討好任何一方，更不想從中獲取任何利益，犯不上去趟渾水。可是我不幸作了南洋大學中文系主任，而且是中文系學生會的當然顧問，中文系和經濟系是南大左傾學生的大本營，學生會開會，顧問必須全程列席，無所逃於天地之間。因之，雖然不清楚內幕，但外表的現象，差不多都恭逢其盛，既然如此，回憶錄裡，似乎不能一字不提。現在用〈學潮點滴〉爲題，是避免掛一漏萬之譏，至於顧問在學生開會時的所見所聞，比較眞切，將另立一節。

我於一九六五年七月到南大履新，到翌年年底，是南大學潮鬧得最厲害的時候，一連三次大學潮，後來新加坡政府採取了霹靂手段，警察開了鎮暴車，半夜包圍學生宿舍，逮捕滋事學生，據說宿舍裡面，幾乎十室九空。中文系學生，三次被開除的近兩百人，確數我是記不得了。一年多的時間不算短，事情的發展，也是錯綜複雜、連緜不絕的，一個不明內情的人，很難作完整的紀述，只能想到哪就寫到哪，枝蔓難免，但也是無可奈何的事。

學生鬧學潮，自然罷課；校方無計可施，但通知每一位教員，不論有無學生，該上課時，必須在教室坐候。雖然明知無濟於事，但凜於職責所在，我是徹底遵行的。許多同仁，坐候十來分鐘，就離開了，這是人情之常、無可厚非的；我卻是死心眼兒，帶一本書，到教室裡閱讀，五十分鐘，是很容易打發的。可是有一次，遠遠的聽到學生遊行時的歌唱聲和警察的警笛聲，這都沒影響我，但突然一陣風來，帶來一陣濃烈的催淚瓦斯，我不知學生怎麼樣了，我這守法盡責的系主任，可是涕泗縱橫、落荒而逃了。

每次罷課，三、五週不等，然後一批學生被逮捕，其餘的學生，回到教室，過若干時候，再來一次，如此周而復始，直到「十室九空」而後已。說起來，這當然不是好辦法，尤其不合教育精神，可是要我說眞心話，我是比較同情政府的處境的。

10 講座教授就職演說

英國的大學制度，一系只有一位教授，次一級稱 Reader，據說也只能有一人，再次是高級講師、講師，那就不限名額了，我這只是道聽塗說。南洋大學，在一九六五年我初到時，十二個學系，只有四個系有教授，中文、數學、生物、馬來文，這第四個系是否記正確，我不甚清楚了。教授初到職，必須發表就職演說，很鄭重其事，說是尊崇也可以，說是考驗，也許更正確些。我的就職演說，是由中文系學生會邀請的；關於這點，我不大清楚是否合乎常規，或者應校長正式邀請，才算正辦。反在那時正是學潮鬧得如火如荼，我又是初到，也就顧不得去打聽了。

學生會邀請，我接受了，也訂好日期，記不清是一九六五年七月或者八月的某一天夜晚。當天的上午，接到校長室通知，就在同一時間地點，召集全校（這一點我不確知）師生開會，會場是文學院幾間大教室中的一間，只能容納三五百人，應該只是鬧學潮的幾個系才對，我的演講只好改在校長召開的大會之後了。

記得大會訂於當晚六點開始，會前十來分鐘，我去到會場外的院子裡，只見人頭攢動，人聲鼎沸。新加坡長年似夏，卻很難得高過攝氏三十四、五度，當晚仍很悶熱。我因爲是新到，不認識幾個人，剛走到院子裡，就有中文系的學生走過來請我進會場去，我告以外面比較涼快，等校長到了再進去；沒一兩分鐘，又有中文系的同學來催我進去，如是者兩三次。校長黃應榮先生和輔導主任鄭衍通先生也來了，我便和他們兩位一同走入會場，但聞衆聲雜作，有鼓掌的，有吹口哨的，還有拍桌子的，以腳踏地的，此外還有鼓噪喧譁之聲。我看到黃、鄭兩位有點錯愕的表情，不一會兒，會場裡面靜下來了，校長開始講話，沒講幾句，便被鼓噪之聲打斷，如是者好幾次，校長講不下去了；鄭先生企圖控制會場，起立發言，開始語氣還算平和，學生反應加強，鄭有點按捺不住了，開始訓斥學生，一時秩序大亂，鼓噪之聲，幾乎將屋子震得塌了下來。黃、鄭兩位眼看無法收拾了，便起身離座向外走，全場學生也跟著一擁而出，我也跟著往外走，已看不到他們兩位，只見一群學生向前跑，一面跑、一面用土塊石頭向前砸，黃、鄭兩位早已走遠了。

這時中文系學生會長，走到我面前來，向我表示歉意，我才知道，今天校長是單找中文系一系的學生講話的，我才明白會議開始前中文系學生催我早點進入會場，和後來進場時的衆聲雜作之故。掌聲是爲新到職的系主任安排的，藉以爭取同情；其他的聲音，當然是對付黃、鄭兩位的。沒想到我會和他們兩位同時進門，所以衆聲雜作，黃、鄭兩位，也有點感到錯愕了。

一場混亂之後，我的講演會接著舉行，我原先不知道有就職演說這一套，根本沒有準備，只知道所講是屬於文字學範圍，題目也想不起來了。我講了一小時，照例讓他們發問，他們亢奮之情猶在，爭著發言，我也的確聽不清楚，便建議他們用紙條寫下他信的問題，等我收到分類整理後，再作答覆；頃刻之間，我收到一小疊紙片。我先就純學術的問題，作了簡要的答覆，同學們對文字學，只有粗淺的入門的知識，所以易於作答；但也有幾題，明顯是有政治含意的，我選擇其中具有代表性的一問，加以宣讀：「請問李教授，假如中國大陸四萬萬同胞都用簡體字，新加坡和日本也用了簡體字，那麼，臺灣是不是仍然不用簡體字？」接著我說：「今天是學術性演講，這種問題政治味道很濃，我可以不答覆，但我也問諸位一個問題，『大陸四萬萬同胞都吃白米飯，臺灣人就不能吃白米飯？』臺下響起一片笑聲，我接著說：「文字簡化，是漢字演變的主流，不能阻擋，阻擋是違背自然的趨勢，但也不能大量的粗製濫造簡體字，那是揠苗助長。文字是約定俗成的，不能用主觀意願加以影響。」學生聽我說得不帶感情，而且也還有些道理，也就沒再起鬨了。

11 南大新圖書館落成典禮事件

這應該是一九六六年的事，那時學潮還沒完全平息，所以在這種場合，也會有學生鬧事。南大的舊圖書館是南大創校之初完成的，綠瓦紅牆，中國宮殿式建築，很是氣派。南大日漸發展，需要一座總辦公樓，於是就在舊圖書館背後的小山頭上，將山頂剷平，興建一座西式建築的新圖書館，舊圖書館，便撥充行政大樓。這在南大，當然是值得慶祝的大事，在新圖書館落成啓用的那天，學校在新建築前的廣場上，布置了一處慶祝圖書館落成典禮的會場，廣邀各界來賓，包括各國駐星的外交使節，共襄盛舉。典禮由李光耀總理親臨主持。在李總理開始致詞時，場外響起了學生遊行唱歌和呼口號的聲音，學生領袖要求面見李總理，和警衛人員在廣場入口相持不下。李總理停止了演講，吩咐讓學生領袖一人進入會場，那學生高眺身材，顯得頗緊張，很快走向主席臺，和李總理比肩而立，侃侃而談，指責政府對學潮的不公平處置。李總理氣定神閒的和他解釋，李是群衆運動的老前輩，對付這種場面，當然應付裕如。後來李總理不知作了甚麼樣的承諾，那學生走離會場，帶著遊行隊伍，唱著歌，撤走了。

12 中文系學生會顧問

我剛到南大，立即擔任中文系系主任，自然就成爲中文系學生會的當然顧問，直到學潮平息，先後有將近兩年的時間，記不淸曾經幾次列席學生會開會，現在記述其中的一次，以見一斑。

學生會會址在甚麼地方，我回想起來很模糊了；印象深刻的是，顧問座位在主席臺上，上懸怒目橫眉的魯迅遺像，兩側懸魯迅手書自作詩句楹聯：「橫眉冷對千夫指，俯首甘爲孺子牛」。至今想來，後面老覺得有一位「橫眉冷對老夫背」的魯迅在，眞如芒刺在背。時間是晚餐以後，先照例是學生會主席報告會務，主席姓甚名誰，當然記不得了，瘦小個兒，一副黑框眼鏡，顯得沈穩幹練，口齒便給，的確有些領袖氣質，我覺得比起在圖書館落成典禮上，和李總理拍案怒罵的那位，深沈得多。會中談了些甚麼具體事實，當然是記不得了，反正不外是爲了甚麼事，舉行了甚麼樣的活動，政府作了甚麼樣的處理，今後打算如何因應，與會者發言，慷慨激越的多，理性持重的少。最後是顧問致詞，我就會長的報告和會議的結論，作了綜合的批評，我覺得政府的處置，也許稍嫌過當，而同學反應的偏激，也不足爲訓。我說完不久，作紀錄的同學，將會議紀錄整理好，送請我簽字，我當然一個字一個字的仔細看，這是我在臺大校長室八年祕書的功力，同學們是望塵莫及的。我發現凡我批評政府的話，他一字不漏的全記下來了，關鍵所在，又加強了語氣，足見這些學生也非弱者，是訓練有素的；重要的是，我批評同學不對的話，卻一切從簡，或輕描淡寫的一筆帶過。我一一指出，要求他重新整理，我再簽字。他們大概也感到我這顧問也並非易與，一時沈默了下來，氣氛顯得很尷尬。這時，我又開始講話了，大意是受教育的目的，不僅是在求知，也要學作人，像這種會議紀錄的寫法，就顯得很不誠實。假如你們所說，都是實情，我覺得政府和學校當局的處分，是有點失之過當，我會向學校當局爲你們爭公道。會長很恭敬的說：「謝謝老師，我們甚麼時候可以知道老師爲我們陳情的結果呢？」我說：「明天上午我會去看校長，明天下午應該可以知道結果。」那次會就到此爲止了。

13 我和兩位左翼學生領袖

翌日上午，我到系辦公室，向助教蘇新鋈先生求證最近中文系學生鬧事，和學校處分的實情，蘇先生一五一十通盤托出，大抵學校當局的處分，學生會會長都對我作了誇大的陳述；至於他們自己的所作所爲，卻通通作了修飾，理虧的一字不提。證以前一天會議紀錄的情形，我當然完全相信蘇先生的說法，當即請蘇去找學生會會長，告訴他當天午後不要來看我了，我不會爲他們去看校長。

當天下午，我在宿舍客廳裡坐，落地玻璃窗沒掛窗帘，老遠地就看到那位會長，施施然自外來，敲了敲門，進來了，剛一坐定，我就問：「今天上午蘇助教有沒有去找你？」他說有，我問：「那你爲甚麼還要來？」他很平和地說：「老師說要爲我們去看校長啊。」我聽了，氣往上沖，顯然，我的涵養是差那位會長一大截的。我說：「人之相處，貴在一個誠字，師生之間，假如都不能相見以誠，那授業、解惑，又有何用？昨天我問你所說是否實情，據我打聽，有許多不盡不實之處，我當然不會爲你們去看校長了，換了我是校長，我對你們的處分會更重些……」這下面說了些立身處世的大道理，足足有大半小時，他一言不發，必恭必敬的，兩眼下垂，兩手拊膝。我說得口渴了，端起茶杯，喝了兩口，我的話當然有個停頓，這時那位會長見是機會，站起身來，恭聲請問：「老師教訓完了嗎？」我說：「我說得太多了，最後，我想勸你一句，你這麼作，對自己會很不利。」他說：「我的學籍，是決定保不住了。」他當然有自知之明，不知是第幾次的開除名單中，自然有他在內。我很佩服他，當我訓誡他時，他只是毫無表情的靜聽，喜怒絲毫不形於色，我是應該向他學習才是。當他被開除後，我還在馬路上遇見過他一次，他仍很恭敬的招呼我，但只稱李教授，不稱老師了，他是很有分寸的。

我和另一位學生領袖的故事，發生在新圖書館落成典禮事件之後，就是和李光耀先生拍桌力爭的那一位，他好像是姓李，似乎不是中文系的學生，聽說他一家都是馬共高幹，所謂馬共，是受中共支持的一批馬來西亞華人武裝份子，活躍於泰、馬邊境，爲馬來西亞大患。這位學生領袖，脾氣火爆，不像中文學會會長那麼深沈，後來被新加坡政府逮捕，解送出境，一到新山（馬來西亞最南端的一個城市），警車已經恭候，讓他和他父兄團聚去了。

一天上午，我正在辦公室，外面是書記陳三妹女士的辦公室，中文系有三位女同學謝月馨、戴純如、黃南玫在那兒洽公，不久，我聽到三位女同學和人辯論的聲音，是男聲，聽不很清楚，似乎是政治性問題。他們的聲音，先都還平和，漸漸地，男聲高了起來，女聲越來越低，我聽得有點不耐了，走出去一看，竟是那位風雲人物正意氣風發、眉飛色舞的高談闊論，我平和的說：「這位同學，請你出去。」他當然被激怒了，心裡一定在想：「你算老幾，李總理我也敢和他拍檯子。」他說：「李教授是否要干涉我的言論自由？」我淡淡的說：「我管不著你說甚麼，但這兒是我的辦公室，你知不知道妨礙了我的公務？」我指著門說：「請出去。」他才悻悻然的走了。

以上所記幾節，都集中在我初到新加坡的一年半之內，學潮平息之後，就風平浪靜了，不然，我是絕無可能一呆十三年，應該早就「離開了」。

14　新加坡政府採用中共政府頒布的簡體字

這是一九六九年初的事了，在新加坡政府正式頒布之前幾個月，已陸續透露了些訊息，我預感到星政府可能要尋求學術上的支持，我是教文字學的，而且是南洋大學中文系的教授，這個職位，在新加坡的華人社會裡，還頗受重視，星政府為了表現民主，可能會徵詢我的意見。恰好那時新加坡兩家大的華文報紙，《南洋商報》和《星洲日報》，為了要辦一九六九年元月特刊，分函各界徵文，我也分別接到了他們的徵文函，我心想，假如等到政府向我徵詢意見，再作答覆，贊成或不贊成，都比較不好措辭，不如先就這個課題，先寫好一篇文章，純就學術觀點加以檢討，既可應付報紙的徵文，又可供不時之需。於是擬定題目：〈從中國文字的結構和演變過程泛論漢字的整理〉，投《星洲日報》。文稿寄出不久，果然接到新加坡政府的來函，希望我對他們採用簡體字的政策提供意見，那時已近一九六八年十二月下旬，我即函覆星政府相關部門，告以我已撰成專文，投《星洲日報》一九六九年元旦特刊，請其參考。我那篇拙文，收入《漢字的起源與演變論叢》（聯經出版公司發行）。我對此一問題的主張，至今未改。

走筆至此，想起我們自己面臨的問題，遠較新加坡為嚴重，兩岸統一是遲早的事，文字的統合是國家大計，假如不集思廣益，未雨綢繆，臨事張皇，就來不及了。

15 李光耀總理

李光耀先生，在新加坡的政壇上是首屈一指的顯赫人物，在國際政壇上，也有他的地位。但這都不是我要特別寫下一節的理由。因爲他的顯赫地位和對新加坡的貢獻，自有史家爲他作傳。我對他所知有限，而且這是我的回憶錄，對別人的事，不宜寫得太多，那不合體例；現在所寫的，只是個人的觀感，完全出於主觀，不一定正確。

我和李總理，有過一次面對面的接觸，那是由於我所擔任的行政職務的關係。我是中文系系主任和學生會顧問，中文系又是左傾學生的大本營，在李總理日理萬機的生活裡，我相信南大中文系也有一定的地位。

那是我剛到新加坡不久的事，中文系學生會邀請他到中文系演講，學潮似乎已經在醞釀，或者已經開始了，他來演講，自然是一件大事。黃應榮校長要我出席接待，這是義不容辭的。

黃校長介紹我和他認識，說明是從臺灣聘來的李孝定教授，他對臺灣似乎很感興趣，先問我對新加坡的觀感，我就所見、所聞、所思、所感，作了若干稱讚，這不是諛詞，相信在新加坡呆得稍久一點的人，都會有同感。他又進一步發問了：「你覺得臺灣和新加坡有甚麼不同？」「我覺得這兩個國家都在安定中求進步，各方面的建設，也都很有成就。」他對我的答案似乎不很滿意，說：「總會有些不一樣吧？」他所希望的答案很明顯了。在政令的貫徹、行政效率和公務人員的操守，這些方面新加坡當然略勝一籌，但我所處的地位，不適合這麼說；在建國的條件上，臺灣是較爲優越的，而雙方都有強鄰，這點處境相似，但這些牽涉太廣，不是當時情況所宜談，這些念頭轉得快，我只好不著邊際的說：「臺灣地方稍大一些，比較能自給自足。」說到這裡，演講的時間快到了，談話就此終止。

另一次和他的接觸，是稍後幾個月或一年多一點發生的。不容諱言的，新加坡的待遇稍優於臺灣，因之多數人比較重視在那兒的職位，我當然也如此，不然，就不會不遠千里而「去」了；可是我覺得個人尊嚴，應該擺在第一位，假如尊嚴受到傷害，其他一切免談。我離開臺灣時，月薪折合美金大約一百元，南大月薪八百叻幣，三比一的匯率，約合二百七十美元，差別不是很高，但就經濟學上的邊際效用而言，這個差別，就頗有吸引力了。這種情形，新加坡同仁當然了解，加上又有少數寧為五斗米折腰的特殊例證，在新加坡同仁中，有極少數尖酸刻薄的，竟然視臺灣為廉價市場，這種蜚短流長的無知流言，大大的影響我的心態；我不諱言，在新加坡十幾年，我的心理一直不很平衡，所以我的言行，一直作不到「中庸」的標準，不知道的朋友，批評我矯情，我自知這是我的修養不夠，「白刃可蹈也，中庸不可能也。」

我到南大不久的一次教務會議席上，黃應榮校長當衆和我說：「政府希望李教授申請在新加坡長期居留，也可以考慮縮短申請公民權的時間。」我倒覺得，他假如私下和我談，會更好一點。當時，中華民國在國際上的地位，和今天沒有兩樣，而經濟上的成就，卻遠不及。其實我一介匹夫，卻將興亡重責，往自己頭上攬，因此常懷孤臣孽子之心，說起來是很可笑，這種阿Q心態，使我覺得向外國申請長期居留，對自己的國家是不忠。其實，長期居留是有很多好處的，單就新、臺往返而言，就可省卻許多手續。現在黃校長當衆說了，我假如再不申請，那眞是不受抬舉，就在那之後不久，我去新加坡移民廳，領取了一份長期居留申請表，也塡好了，還沒來得及投遞，就在那節骨眼上，李光耀總理，來南大對全體教員演說，在演講進行中，他發問：「在座有多少人非新加坡公民？」大家舉了手，他接著問：「願意申請新加坡公民權的，請舉手。」他說的是公民權，而非長期居留，他這話大概針對有馬來西亞公民權的人說的，因爲這種身份的人，在新加坡的居留，比起他國公民來得方便。我沒打算作新加坡公民，當然沒舉手，他抬眼望了望，發現比起第一次舉手的人，少了許多，這可能令他感到有點意外，甚至是失望，他立即說：「你們不想作新加坡公民，那是表示不願對新加坡政府效忠，那我們的考慮就不同了。」我覺得我拿了教授和系主任聘書，他只能要求我對職務效忠，不能要求對新加坡政府效忠，他說：「考慮不同」，顯然帶點威脅意味，我覺得他是有點失言了。現在想來，他這話可能是專對教員中具有馬來西亞公民權的人說的，不過交待得不夠清楚，那我就錯怪他了。後來我那份長期居留申請書沒投遞，我仍然是中華民國公民，可是，現在這身份，又變得岌岌可危了。

16 杜進才副總理

這一節原可不寫的，我和杜先生，只在大庭廣衆中見過一面，私下更無任何關係，談不到對他的了解。但他在新加坡是動見觀瞻的領袖人物，位居副總理，聽說他在新加坡執政的人民行動黨中的資望，較之李總理猶有過之，正是曾國藩所說的身繫風俗厚薄的一二人，他的一言一行，正是觀瞻所繫，我就從這角度，寫下我的觀感。

那是杜先生對南洋大學全體學術人員講話的場合，蹐蹐一堂，恭候他的光臨。一會兒，校長陪著杜先生走進會議室的大門，大家起立恭迎，杜先生視若無覩，面無表情，高視闊步，從大家面前，直奔主席臺，致詞完畢，又高視闊步循原路離去，大家又肅立恭送。這時我感到實在不該對他表示敬意了，於是紋風不動的坐在那兒，特意架起二郎腿，當他從我面前經過時，我相信他應該從眼角餘光裡瞄見了的。我不知道他憑甚麼有這種驕人的心態，在我看來，只見一股虛矯之氣，絲毫看不到一點可尊敬的領袖氣質。李光耀先生雖非平易近人，但絕不矯揉造作，完全示人以本色，和杜先生度量相越，眞不可以道里計矣。我這麼寫，似乎有點小題大作，但新加坡政府高級公務員中，如此者不在少數，似乎已形成了一種不甚可親的官場文化，像下文要提到的南大校務委員會主席陳君，也都是這一流人物。

17 王邦文教育部長

記不清是一九六六、還是六七年，南洋大學當局，作了一次不尋常的宣示，全校的學術行政人員，也就是各學院院長、各學系系主任，一律免去兼職，同時登報徵求新人替補，標榜的條件是「傑出學者」，這明顯的表示，原任人員資格不合，這正足以印證我前文所說，新加坡政府朝氣蓬勃，勇於改革。我覺得既被解職，萬無厚顏應徵之理，因之逾期未作申請。一天，校長約談，希望我塡表應徵，我堅執不肯，他問爲甚麼，我說：「我自問連學者都夠不上，遑論傑出，我豈能厚顏取辱？」他勸之再三，我仍是不肯。過了一兩天，接到教育部長王邦文先生的電話，希望我去教育部談談，他是教育主管機關的最高負責人，我當然沒理由拒絕，如期前往，王先生和顏悅色，起立相迎，開門見山的說：「今天請李教授來，是勸你申請南大中文系系主任職位。」我說：「我是客卿，系主任這職位，應物色貴國學人擔任爲宜。」他說：「我不否認我們也有這想法，但在可預見的將來，實在找不到能取代你的人。」我說：「我實在夠不上傑出學者的條件，如何能厚顏應徵？我回學校後，會將今天和您談話的經過，向校長報告。」他說：「不必了，你就回去等候消息吧。」

第二天，校長室送來一封系主任的新聘書。我不知其他職位是否有異動，但我覺得作此處理，考慮似乎是有欠周延。

18 李昭明校長

他擔任過新加坡教育部長，不知是否緊接著就擔任南大校長，因爲這個背景，他的作風是強勢的，前文曾以他爲例，說明新加坡政府的勇於改革，連學制的改變，都不許在教務會上提出討論，充分的表現了他一言堂的風格。但本節所記的，卻是他從善如流的一面。

南洋大學研究生的錄取，程序上好像沒有一成不變的制度，此節所記，是我所指導的一位博士學位候選人，不知爲了甚麼特別原因，提到了教務會議作決定，當然這是最後一關了，候選人是謝世涯君，擬定的題目是《中、星、日簡體字比較研究》，討論到這案子時，李校長對提案望了一眼，也不徵求提案人的意見，立即作決定，他說：「現在我們已經決定須行簡體字了，不必再研究。本案不討論。」我也幾乎是立即起立發言：「中國漢字的歷史，就算從商代甲骨文開始，行用至少近三千五百年了，但文字學的研究，從東漢許愼的《說文解字》開始，至少已經研究了兩千年，迄今方興未艾。」他啊了一聲，說：「那本案通過。」如此明快，實在值得稱頌，但這也證明了新加坡的領袖人物，過份重視行政考量，行政和學術，是應有其分際的。

19 學生畢業典禮上的吳德耀校長

上文中我不止一次的提到，新加坡的領袖人物，朝氣蓬勃，勇於改革，但因考慮難免不夠周延，於是再來一次補偏救弊式的改革，累積起來，往往爬梳剔抉，治絲益紛；我如此落墨，當然是全憑印象，失之籠統，假如要舉證，事實上確有其困難之處。

吳德耀校長下車伊始，一連作了不少改革，這當然是秉承政府的指示辦理的。就拿中文系的課程結構來說，他提出了只開中國思想、中國語文、中國文學三科，雖然經過我以去就力爭，他才稍作讓步，保留了原來課程表的基本結構，但王叔岷教授仍認爲以吳校長只設三科的意見較佳，請參見前文及附錄。經研判這必然是《王賡武課程報告書》的原設計，正是政府所支持的意見。此外他還作了其他的改革，加上前此累積下來的問題，尋至學校施政上左支右絀，民間輿情對這種現象甚表不滿，批評之聲四起，不可終日。這種結果，決策者是要負全責的，吳只是執行決策，而且有許多積弊，也實在不能怪他，假如以《春秋》責備賢者之義，他只知奉命唯謹，缺乏擔當，到頭來政府諉過於他，成了替罪的羔羊，弄得灰頭土臉，令人爲之不平。

這應是一九七六年五月一個星期六上午畢業典禮上發生的事，那時吳校長仍沒批准我請辭系主任的辭呈，舉行畢業典禮時，我仍冠冕堂皇地坐在會場正中的大講臺上，臺下禮堂正中和後面的樓座，黑壓壓的坐滿了三四千人。典禮照例由南洋大學理事會主席黃祖耀先生主持，黃是銀行家，是新加坡資本雄厚的華僑銀行的董事長，在新加坡以工商爲主的城市國家裡，當然是舉足輕重的人物。正中舞臺上，校長、各學院院長、各學系系主任、學校高級行政人員，約有二三十人。黃主席在致詞時，照例先報告南洋大學的成就和進步，這原是這種場合中的官樣文章，誰知奇峰突起，他急轉直下的說：「現在南洋大學學生素質提高了，教員陣容加強了，圖書設備更充實了，但是唯一不能配合的是行政部門；因此，從下星期一開始，南洋大學不要校長了，我們另行組織校務委員會，處理校務。」這時，我舉目望望坐在前一排我正前方的吳校長，垂首低眉，正襟危坐，我實在爲他感到憤懣難平，要諉過卸責，也儘可不採取這種冷酷無情有失厚道的方式，難道政治就是如此醜惡現實的嗎？

吳先生卸任後，仍未離開南洋大學，是否改任政府與行政學系的系主任，我不能確記了。

20　校務委員會主席陳君

校務委員會是緊接上節所記畢業典禮之後第三天所組成的一個新機構，全名是否如此，我不能確定，反正這是一個很富創意的決策。我的行政經驗貧乏，我曾經服務於中央博物院籌備處，也看到中央研究院某幾個研究所的籌設，都由一個籌備主任綜攬，不稱院長、所長，是因爲這個機構還不存在；南大則不然，已經有二十幾年的歷史，縱令某一位校長未能勝任，也應另行遴聘，才是正辦，卻由集體領導，這是多數人始料所不及的。

陳君，忘其名，聽說是當時教育部的一位高級官員，也是一位能吏。在他履新之後，個別召見各院系學術行政人員，我備位系主任，當然也蒙此殊榮，總以爲他會對系務有所垂詢，或有所指示；等我見到他，望之儼然，面無表情，很像一位商場大經理，接見一位櫃檯小職員，寥寥一兩句話，就揮之使去了。

我覺得一位大學校長，首重品德，識見學問，也是重要的，不能以行政考量爲優先，隨便找一位官場能吏，就可勝任的。

21 研究生學院

這個題目不知是否正確，總之是在文、理、商三學院之外，新成立的一個專司各院系研究生有關業務的組織。我沒見過南洋大學組織法，它的職掌，沒見明文規定，反之舉凡研究生的甄選、導師及論文題目的決定、考試委員的聘請等均屬之；有研究生各系的系主任，在業務有關的會議中，才獲邀請參加，在該院成立的幾年之中，我出席了少數幾次這類會議，其他和該次會議業務無關的系主任，從沒見同時出席；也沒聽說有研究所所長這類職稱。考試委員的遴聘，由院長決定，我未被諮商過；諸如此類事務的運作，因無明文規定可資依據，多少帶點即興的意味，事屬草創，原未可厚非。

有關中文系研究生的會議，前一兩次，只有我一人出席，後來王叔岷教授也出席了；一系兩教授，應該是政府表重視華文教育的看板，在南大極特殊的現象，論理他早該被邀請參加這類會議的，可能是院長忽略了，後來才改正的。

院長林春猷先生，聽說是學理科的，有關他的背景，我一無所知，除了在開會時見過幾次，平日不相往還，因此無可稱述了。

22 研究生論文考試二三事

南大中文系，先有碩士班研究生，那是遠早於研究生學院成立之前就有了的，南大之有研究生，中文和數學兩系最早，後來，其他各系才陸續開辦，也不是每系都有，政府如此決定，不知是基於何種理由，我只是記述事實；博士班的開設，較碩士班晚了好幾年，據我的記憶，中文系是唯一設有博士班的一系，這和華人社會的期盼與中文系課程、師資較完整有關係。關於我的記憶，不是很肯定。

在一九七八年五月，我離開南大以前，中文系已有兩位博士畢業，這兩位是翁世華先生和胡楚生先生，都是中文系教員在職進修唸高級學位的，翁是王叔岷教授指導，胡是王忠林副教授指導；還有三位，是我指導的博士學位候選人，一位是呂振端先生，論文已完成，口試尚未通過；另兩位謝世涯先生和周清海先生，謝是剛註冊，周則撰寫論文尚未完成，將在下面作較詳細的記述。

翁先生的研究題目，是有關《楚辭》的，是六、七篇先後完成的單篇論文組成的論叢。翁是南大中文系第一屆畢業的，年齡較長，聽說現在已經退休了。

胡楚生先生，是臺灣東吳大學中文系、師範大學中文研究所畢業的，於一九六六年應徵南大中文系教員，中選擔任講師，申請在職進修唸博士學位時，好像已升任副教授。他的論文題目，是《論衡斠證》，關於這一點，中間有些周折。有一天，王叔岷教授，到辦公室找我，拿著胡先生的研究計畫，遞給我，並說：「這份研究計畫，你看過沒有？這會令人笑掉大牙的。」胡的研究計畫，我是看過的，他是在職進修，我是系主任，必需經過我的推薦。他的論文綱要，是按《論衡》三十篇的次序，分別以某某第一，直到某某第三十，據我看，完全是仿王教授《史記斠證》從〈三皇本紀第一〉到〈太史公自敘第一百三十〉的例寫下來，我不懂王教授的煌煌鉅製的體例可以如此安排，胡先生模仿了，就讓人笑掉大牙？我倒覺得，假如胡先生將他的博士論文，分成三十篇發表，以壯聲勢，那倒眞是可笑的。這些想法，在我腦子裡只是一轉念，我再率直，當時也不能說出來，不記得是如何應付過去的，聽說王教授還曾爲此事，特地到胡先生家去，要求他改變題目和寫作綱要，結果如何，我沒去打聽了。

呂振端君是南大中文系舊制倒數第二屆畢業，然後來臺灣進入臺灣大學中文系研究所碩士班畢業，論文是屈萬里先生指導的，回新加坡後，執教華中初級學院，申請進入南大博士班，在職進修，由我指導，寫《魏三體石經殘字集證》，石經屬於經學，但三體石經的研究，基本上是文字學的範圍。一九七八年初，提交論文，由王叔岷教授任考試委員，提了十條意見，其中有五條，是關於《春秋經》的，《春秋經》文和《史記．世家》當然有關涉，王教授認爲呂君論文，沒有徵引他的大著《史記斠證》的意見，是嚴重的疏失；其實經學和史學，已有相當距離，何況呂君所論，大抵是文字學的範圍，和史學更加疏遠，能引他的意見，固可見用力之勤，不引也算不得是嚴重的疏失，只是呂君沒有逆料到考試委員的人選，而預作揣摩，倒確是他的疏失，這還罷了；另一條是問爲甚麼不提《三體石經》和後世雕版印刷的關係，這種攀籐附葛的關連，也要網羅無遺，那博士之博，將漫無涯涘了。

還有一問，呂君文論及三體石經《春秋》古文有「卹」字，他原文說：「卹、恤通，作卹爲長。」王教授的批示：「既相通，又何以作卹爲長？」其實呂君原文甚是，《三體石經》所引古文，是春秋、戰國間文字，其時「卹」均從「卩」，從「心」之「恤」晚出，《春秋經》正當作「卹」，作「恤」者最早見於小篆，才有「爲長」之說，這是文字演變的現象，是文字學中的普通常識，作校讎的人當有小學基礎，這些細節不知道，原算不得大缺陷，但學生說對了，卻仍提出質疑，就不太好了。在考試委員會上，我以指導人的身份發言：「謝謝王教授的指教，不僅學生受益，我也獲益匪淺。」我這麼說，當然是鄉愿，假如當天我把如上的意見說出來，那眞不知道有何後果，散會後我和呂君說：「你可以答辯，但你也該鄭重考慮。」那時我已將退休，後來聽說呂君奉命修改論文，延後一年才畢業。

23 高風亮節

上節提及我在南大博士班，指導了三位候選人，我退休時，謝世涯、周清海兩君論文都沒完成，校方給我一份書面通知，請我爲兩君作校外指導教授，直到兩君畢業爲止，並說明總共酬勞叻幣貳仟元（即每位壹千元）。在此之前，黃勗吾先生退休時，所指導的一位碩士班學生，尚差一年才能完成其論文，校方請黃先生續任校外指導，報酬是兩千叻幣。那我作校外指導，情形和黃先生一案全同，是援例辦理，所不同的是，黃先生的指導工作，只需一年即可完成，而我所指導的是兩位，一位尚需一兩年，另一位剛開始，到完成至少得四、五年；黃先生指導的是碩士，我指導的是博士；報酬卻同是兩千元，很明顯的是不合理的待遇。我原可不接受，但兩君的論文，一是《中、星、日簡體字比較研究》，一是《金文語法研究》，在當時南大中文系的師資，沒有專精這方面的，我要不接受擔任校外指導，直接受影響的是謝、周兩君；我也可以向校方爭取合理的報酬，但以中國讀書人的價值標準言，那不是很光彩的事，考慮之下，我回覆校方一信，大意說：指導他們的論文，是我的義務，我願意不收任何報酬。過了兩天，收到校方一封稱讚的覆函，其中重要的兩句是：「先生高風亮節，至爲心感。」好一個「高風亮節」，雖非一字千金，卻是足足的叻幣五百大元。「吾豈匏瓜也哉，焉能繫而不食？」

在新加坡，有關個人權益問題，最好採取西方文化標準，假如你想維持東方文化中士大夫的節操，那就只好請你喝西北「高」風了，我如此處理，並沒失策，至少我免於淪爲廉價市場的廉價商品。

24 汽車駕照

這是一九六八年前後發生的事，我到南大任教的前兩年，是我一人去的，妻和孩子們都留在臺灣，後來黃應榮校長堅留，我才向臺灣大學辭去中文系教授，妻也辭臺北女師（今臺北市立師範學院）的專任教職，孩子們也都轉學，全家於一九六七年遷到新加坡，已見前文。

南大在郊區，距市中心約十七英哩，雖有公車，到底不如自己駕車方便。妻於是開始學習駕駛汽車，並買了一輛英製一千一百C.C.的非利浦摩理士小車，那時同仁中不少人都是才學開車，還沒考取駕照，就在校園裡緩緩開行了，這當然是違警的行爲，校警隊隊長周君也是偷偷開車的一個，大家也就見怪不怪了。

有一天，我們得到校警隊開出的無照駕車的罰單，妻忿忿不平的說：「周隊長不也是無照開車嗎？」打聽之下，周君已於前一天考取了駕照，於是他要嚴厲執法了。我立刻去校警隊繳清罰款，取得收據後，直奔副校長辦公室，求見副校長盧曜先生，說明原委，並出示罰鍰收據，和他說：「無照駕車是該罰的，我們已接受處分，但請你問問周隊長，他是甚麼時候考取的？考取之前，有沒有無照駕駛？這是校方建立威信的好機會。」

這之後，我在校園裡見到周隊長，和我客氣的招呼，似乎有點訕訕的，大概是我向副校長抗議的反映。

25 新加坡大學中文系兼任講師

我列下這個節目，並非想炫耀我的榮銜，主要是想藉此說明王叔岷教授口中所謂「有毛病的系」和「健全的系」，以及兩系課程結構的差異，更重要的是想從新加坡大學中文系主任林徐典教授的說辭裡，印證新加坡華人社會對兩校中文系的評價。

也許是一九六九年，或者是那年前後，林徐典教授情商我去他系裡兼任一門中國文字學，名義是兼任講師，他有歉意的說，這是新大的規定，兼任只能稱講師，每週兩節，月薪兩百元叻幣。當時新加坡大學教授，每週任課是四至六節，月薪是三千元叻幣，我用「情商」兩字，是很恰當的，要談名、利，我都太委屈了，但我考慮的是青年學子的學習機會和朋友的感情，毫不遲疑的答應了。謝世涯君，是南大中文系第五或第六屆畢業的，當時上新大中文系榮譽學位班，就在那年，他選課我所講授的文字學。

在暑假前，林徐典先生又和我約定，下學年繼續兼任。可是不久之後，他來看我，這回的歉意更明顯了，他說：「眞抱歉！下年不能請你兼課了，我們文學院院長和我說，社會上的輿情一直覺得新大中文系不如南大中文系，有許多傳言，說新大中文系應該裁併到南大中文系去，你假如繼續請李教授兼任，那不是證實了社會上的批評？」我笑笑說：「你不必介意，我同意兼課，完全是幫忙性質，難道是爲了兼任講師的名和兩百叻幣的利？」

下年，林教授另請了一位女士開設文字學這門課，這位女士，新加坡人，臺灣大學外國文學系畢業後，又在同校中文系唸了一個碩士學位，當然不是主修文字學的，她受命後，曾和我討論課程內容，我當然是謁誠以對。這證明了新大中文系的課程結構，至少在這方面，不是很健全的，至於我降格的同意兼任，是不是南大中文系的「毛病」呢？王教授高明，請有以教我。

26 南大兩個月聘期的聘書

我立這個節目，是紀錄南大的即興的人事制度，另一方面，說明我是「光明磊落」地退休離職，而不是曖昧不明地「離開了」的。

我出生於民國七年陰曆正月十九日，推算陽曆，是一九一八年三月一日，新加坡行用陽曆，我到南大後，入境隨俗，在人事紀錄上塡的是陽曆。照南大的規定，年滿六十歲退休，聘書就截止在當事人誕生的那月月底，依此推算，我在南大最後一任聘期，是到一九七八年三月三十一日止，可是那時學年尚在中途，於是南大發給我一份新聘書，聘期是兩個月，自一九七八年四月一日起，至五月三十一日止，我當然可以不應聘，但那卻不合乎我的行爲標準，而且多教兩個月，有好幾千大元呢，我當然是應聘了。其實，南大原可以讓我在當年三月三十一日離職，也不會被解釋爲中途解聘，他們卻多發了兩個月的聘書，留給我無盡的去思。

27 系主任聘書的封緘

這是在我從南大退休之前好幾年發生的事，補記於此。換發系主任聘書，通常都是在五年新教授聘約開始時同時換發的；當然在教授聘約中途，他辭了系主任，或是校方另派系主任，又當別論。

這次我拿到的系主任聘函，是用一個廢信封感放的，將原來收件人的姓名用筆槓掉，在旁邊另加：「李孝定教授台收」幾個大字，這顯然是存心對我侮慢。這類業務，是註冊處主管，我帶了這封聘書，去看註冊主任王佐先生，將聘函遞給他，說：「這種處理方式，我不能應聘。」他一看當然就懂了，立刻將經辦人簡君叫進來，當我的面訓斥了幾句，簡君不動聲色，立刻換寫一個新封緘，我當然不再說甚麼了。

我分析這樁小小的不愉快事件，大概可作兩種解釋，一是廣泛存在的，對外地人搶了他們工作機會的不滿，一是左傾份子對從臺灣來的人的不滿，或者兼而有之，要不然，實在想不出有吝惜一只新封緘的理由。

28 不懂英語的教授

前文中曾提及，我中學六年，曾學過英文，卻從沒學過英語，這個缺陷，對我構成了很大的不便，尤其當我來到半中半西的新加坡工作之後。

新加坡以前是英國殖民地，有長遠的被英國統治的歷史和廣大的華人社會深厚的中國文化基礎，長遠的互相衝突、激盪、調適的過程，形成了一種比較特異的文化面貌。我初到新加坡，到市場走走，熙來攘往的人，聽其聲，辨其貌，觀其文字，察其衣冠，覺得和臺灣一般無二；呆得越久，越感覺得兩地畢竟有其差，可又說不上來是甚麼差異，經過較長時間的觀察和思考，我用了文化面貌四個字，應該是比較適切的。

經過長遠的殖民統治，統治階層除了英國人外，總得有一批高級助手，這些助手，很自然的是受英文教育的華人的專利，久而久之，形成一個牢不可破的既得利益階層，說得時髦一點，那眞是一個生命共同體。

這種現象，從殖民地時代形成，而聯邦、而獨立，不僅沒有改變，甚或變本加厲了。

我到新加坡之初，華文源流和英文源流的學校，大致還旗鼓相當；逐漸地，此消彼長，一九七八年我退休返臺時華校所剩無幾了。後來學生來信言及，華校幾已碩果僅存，既令是華校，語文的學習，華文也相形見絀。

在新加坡，英文源流學校出身的，不管在那方面，都佔盡優勢，任何職位出缺，有兩個人候選，必以英校出身的爲第一考慮，人是現實的，華文教育的日趨式微，就無足怪了。

大趨勢如此，說英語的就自覺高人一等了，膚淺的，就更瞧不起不會說英語的人，即使對方不會說英語，他自己明明能說流利的華語，卻不屑於說，寧可讓對方結結巴巴的說英語，以爲笑樂，以滿足他的高人一等的虛榮心。

後來，李光耀總理，提倡說華語，勸導少說祖籍的方言，這是著眼於族群的融合，在華人說方言的族群裡，是起了一定作用的，但對那些自命高人一等的說英語的華人，似乎沒有產生大的影響。

我一次去英國駐星最高專員公署洽公，這就是英國駐星大使館，在櫃檯裡面坐著一位女士，是華人，我用華語表達我的來意，她用流利的英語回答我，很明顯的，她至少是聽得懂華語的，我的英語太破，自然繼續說華語，她大概是存心整我，很快的說了大段英語，這下子我傻了眼，越是急，越是聽不懂，她顧而樂之，扭頭和櫃檯裡面一位英國男士說：「不懂英語也能作教授。」

英國人說：「他是中文系教授啊。」於是那位英國人耐著性子，慢慢的說英語，和我溝通，才將尷尬場面，平順的處理下來。

下一次，我和妻再去那兒，又是那位女士，妻是聽我說過我的經驗的，妻用華語和她交談，她故態復萌，妻老早就對她不滿了的，這下子勃然大怒，用華語訓斥她，說著就排闥而入，往最高專員的辦公室撞，這下子把她的華語罵出來了，馬上改顏相向，以很標準的華語表示歉意，我們當然也不爲已甚，轉身打算離去，她又點頭又哈腰的，將我們送到了大門口。

像這種外黃裡白的二毛子，中國文化的涵泳，是絕對談不到的；僅僅會說幾句英語，要說就眞懂了英國文化的三昧，我是絕對懷疑的。

可是我也遇到一個和這相反的例子，一次，我去一家銀行，櫃檯裡面坐著一位華人男士，我很自然的和他說華語，他滿臉歉意的用英語回答我說：「我很慚愧，我是華人，卻不會說華語。」看得出來，他雖不會說華語，但所受中華文化的薰陶，是很深的，和那二毛子女人，相去何止天淵！

29 校方要求改以英語爲教學媒介語

這事情發生在黃麗松校長時代，前面忘了寫，補記於此。一連三節都是和英語有關的問題，也屬巧合。

這不知是政府當局、抑或是黃校長的主張，事前未見端倪，在奉到命令時，大家同感錯愕；一般華人社會的反映，想必不是很好，但一言堂的老店裡，很少有討價還價的餘地。這改變受影響最大的，當然是中文系，我去看黃校長，請問作此改變的理由，他說主要是想提高學生英國語文的能力，我說我非常不贊成這種作法，這並非因爲我不能用英語教學，而是想要藉此加強學生英國語文的能力，那顯然是南轅北轍；我又舉《孟子》緣木求魚的比喻，說這種改變，不但不能提高學生英國語文能力，而且必然大大的降低中文系的學術水準。出乎意外的，我的意見居然被採納了，校方宣布：中文系維持現狀，歷史系的中國歷史課程維持現狀，其他課程和其他院系，通通改採英語爲教學媒介語。我不知道有沒有反對的聲音，但陽奉陰違，大家都心照不宣。我相信其他各院系和我的想法是一致的，政府當局和黃校長一定也認同我的意見，不然我的看法是不會被接受的；但爲甚麼仍然要作此宣示，除了政治上的考慮外，我實在想不出有其他的理由。

30　楊聯陞先生談哈佛大學的中國文字學教學問題

一九六八年八月，我去美國安阿堡密西根大學參加國際東方學會，會後參觀了哈佛大學哈佛燕京圖書館、美國國會圖書館、芝加哥大學、洛杉磯加州大學和柏克萊加州大學等處，得識不少心儀已久的學人，如楊聯陞、何炳棣、唐德剛、陳士驤教授等，我雖未能讀萬卷書，但這次行萬里路，得識一時俊彥，眞獲益匪淺。

本節所記，爲當時和楊聯陞教授的一段談話。楊先生當時任哈佛大學講座教授，博洽多聞，爲一時名宿；歐美漢學界人士有所撰述，多以能得他一篇序言或書評爲榮。我去看他時，和札奇思欽教授同行，札奇先生和聯陞先生是舊識，我卻是初次識荊。楊教授知道我是治中國文字學的，以爲我去看他，是爲了求他作序，接談未久，他說：「你的大作《甲骨文字集釋》，已經膾炙人口，用不著我替你作序了。」我當時還不知道他以此聞名，唯唯而已。他又說：「我倒有一事，想請你幫忙，我在哈佛大學，擔任了一門中國文字學，就用高本漢的中國文字學的論文作講義，但是他的意見，有些我認爲不正確，可是又提不出更好的解釋，因此想請你寫一本專供外國學生學習的中國文字學。」我遜謝不遑，說：「用拼音語系的國家，沒法產生文字學，他們只有語源學，屬語言學範圍，這是高本漢教授的專長；但中國文字學和語言學是有距離的，主要原因是中國文字和語言的配合，較之拼音語系的配合，稍見鬆散，是有國界的，這點應是高本漢教授的困難所在。我不懂語言學，英文程度又太差，實在無此能力。」他說：「英文能力不是問題，你用中文寫，我請英文好的人爲你翻譯，我的英文能力也不行。」我才說：「就以文字學而言，以我現在的程度，寫出來的東西，比起坊間抄來抄去的文字學，好不到那裡去。」當時因爲我既無勇氣嘗試，談話就到此爲止。現在想來，眞要爲拼音語系的學生，寫一本中國文字學，必須先修習語言學，從兩種系統的語、文配合的差別作出發點，然後詳論形聲字，然後將兩河流域、埃及的古文演變成拼音文字的過程作對照，也許是一個可行的辦法，我這膚淺的想法，現在已經沒有機會向聯陞先生請益了。

七　重回史語所

這章的題目，我用了個「重」字，是紀實。史語所的人事制度，一向很富人情味，我並不認爲那是好制度，但因爲到史語所工作的人，大都以此爲終生志業，流動性甚小；即令有中途離開史語所的，也都是去國內外大學任教，擔任的課程也和在史語所從事的研究工作的性質相同和相近，極少完全改行的，因之，離開的人都是請假，留職停薪，不佔缺，像趙元任、李方桂、徐中舒、容庚、張琨諸先生，都是如此。去美國大學任教的，如趙、李兩前輩，至死都沒改變名義；張琨先生以助理研究員去美，讀完博士，而副教授、而教授、而當選院士，也都是史語所專任；至徐、容兩前輩留在大陸，後來改朝換代，情況特殊，大概是不可能專任如故了。

我以史語所助理員開始，而中央博物院籌備處、而臺大中文系副教授、教授，而南洋大學中文系教授，也一直都保留史語所專任的名義。直到一九七五年，屈萬里先生任史語所所長，爲了要建立優良制度，凡將請假超過兩年的，一律改爲兼任，因之，我在南大退休後，是以通信研究員的名義，重新獲聘爲史語所專任研究員的。

1 史語所通信研究員

膺聘史語所通信研究員，是一九七五年的事，論時間，本節應放在南大十三年那章內，但這碼子事，和南大毫不相干，而與重回史語所一案有許多關涉，還是擺在這章裡面比較合適。

我之擔任通信研究員，中間還經過了許多周折。一九七五年，大概是五月份罷，我和妻返臺度假，兼作求田問舍之計，準備在南大退休之後，有個容身之地。就在返臺的第二天，和妻拜會親友，先謁史語所的老前輩，好像是第二家或是第三家，走到芮逸夫先生家，上廁所時，駭然發現有血尿現象，雖然還沒感到其他痛楚，但知道情形嚴重。翌日上午，妻陪我到臺大附設醫院泌尿科，因爲我曾久任臺大校長室祕書，醫院中自院長以及各科主任，都是老朋友，得到不少方便，這天已經開始感到排尿困難了，經泌尿科主任江萬煊教授，親爲檢查，判斷爲攝護腺肥大，他建議先觀察兩天再說，並立即辦理住院手續。次日，小便已涓滴不下，我還想試試，不藉助導尿管，努力了好幾分鐘，尿液一湧而出，再一看，那是甚麼尿液，便池中佈滿了五六片有半個手掌大的凝固了的血塊，滿嚇人的；江教授說情形很嚴重，攝護腺肥大的速度，遠遠超過了常態，看情形，百分之九十五是攝護腺癌，妻在旁邊都嚇哭了，我覺得是禍躲不過，倒還能談笑自若。再過一天，由江萬煊教授主刀，用傳統的剖腹手術。那時從尿道伸入手術刀割治的辦法，臺大醫院已經開始採用了，江教授說那種手術，癒後較差；我也看到隔壁病房同病是用這種手術的，每天大量流血的情形，接納了江教授的建議，聽說手術當天仍然大出血，兩次輸血共三千五百 C.C.，也蠻可怕的。另一位老朋友葉奕白教授，很關心我的病情，當場就取了標本，幾天之後，來病房向我恭喜，說是沒有癌細胞，可是半條命也快去掉了。

住院一個月期間，親友探病者甚多，令人銘感，葉教授、江教授和其他醫護同仁，照料周至，尤其銘感五內。

當時史語所所長屈萬里教授，也不止一次去醫院探視。有一次在病榻之旁，他閒閒的談起所中的情形，覺得積重難返，他覺得應加整頓。就以留職停薪的同仁，永遠有專任聘書，是很不合理的，他打算加以改革，凡請假超過兩年的，一律改發兼任聘書，問我有甚麼意見，我知道我就是領這種專任聘書的一例，但覺得整頓是好事，毫不遲疑的加以支持，那次的談話，也就到此爲止了。

過些時候，我接到通信研究員的聘書，我想，史語所的確建立新制度了；可是，再一打聽，在美國幾間大學任教的趙元任、李方桂、張琨等三位，仍然是專任聘書，也許因爲趙李兩位是院士，待遇有別，可是嚴耕望院士，卻又改爲通信研究員，取消了專任研究員的資格。我認爲既然要改革、要建立新制度，就該一視同仁，不能有差別待遇，便將通信研究員的聘書，退還所方。妻說：「這是你自己同意了的啊。」我說：「假如是一視同仁我決無異詞。」屈萬里所長，將我退回的通信研究員聘書，簽了「擬存」兩字，就是建議院長，存檔結案的意思，錢思亮院長卻由他具名，覆了我一信，懇切的勸我接受，這是我終於成了史語所通信研究員的原委。在我却聘的過程之中，屈所長曾回我一信，大意說：通信研究員的學術地位，是高過兼任研究員的。這個說法，我愧不敢當。此一觀念，到了丁邦新院士任所長時，更落實了，他決定凡研究員退休後，如有必要，得聘爲兼任研究員，這是研究院組織法中有規定的；退休的人，具有院士資格的，則聘爲通信研究員，以示榮寵。我感到，就表面的字義說，通信與兼任，只是當事人和所址有遠近之別，並無尊卑之分，要對院士加以殊遇，我建議用「特級兼任研究員」、或者「超等兼任研究員」，似可適切的凸顯院士的傑出，用「通信」兩字，只能解釋爲這個研究員不憚煩的寫無關宏旨的文章，找郵差先生的麻煩而已，絲毫顯不出那位院士的傑出成就，你說呢？

2 焉能繫而不食

這是本章第二節，當我構思爲這節擬定一個題目時，倒有些令我爲難了，因爲其他章節，都是紀實，我這枝禿筆還能湊合；可是眼看要離開南大了，滿六十歲之後，還沒拿到飯票，一時之間，眞有點徬徨無計，「徬徨無計」，倒也是一個好題目，只是顯得寒傖些；原也想過「爭相羅致」這類冠冕堂皇的辭兒，雖不是全無根據，究嫌有些「膨風」，想來想去，用了這句成語，不亢不卑，也顯得老實。

自從一九七五年返臺度假時，求田問舍，朋友們知道我快成無業遊民了，有那好心的，想著該加援手。首先我接到了孔達生先生來信，說中興大學羅雲平校長，因文學院長一時找不到合適的人，想要我去承乏，羅校長和我素昧平生，才請達生先生代爲致意；這份美意，實在令人心感，可也令我感到惶恐，自己平凡渺小，怎堪膺此重寄？而且想到中興大學夙負時望，文學院中，資深教授，人才躋躋，渺予小子，何德何能？如何輪得到我？於是覆函婉辭，回臺後，在一個場合見到達生先生談起此事，他說我不屑屈就，看來達生先生是有點不快了，謹在此表達由衷的歉意。

過了些時，又奉時任中央大學文學院長楊景邁教授的來教，邀我回母校擔任中文系主任，李新民校長也來信慇勤致意。能回母校、而且是母系任教，眞可說快意平生；但在南大擔任系主任逾十年，實在有點倦意了，加上在臺大八年多的祕書經驗，對於學校行政，也確感膩煩。景邁來信中，還提到可用講座教授名義聘請，經我打聽，文學院這唯一講座教授的名位，當時正由景邁兄擔任，這種克己推愛之意，即使心領都覺惶愧，如何能厚顏接受，最後，只好有負李、楊兩兄的美意了。

兩次很好的機會，不敢接受，又不能繫而不食，只有靦顏向史語所求職了。主意打定，即函陳屈所長，逕達此意，沒過多久，得到回信，大意是臺中以北，都沒有機會，假如願到南部，倒可試試看，儼然綜攬全局的氣度。

上述三處函件往還，大概是一九七七年下半年的事；再過些時，聽說屈所長，因肺癌住院治療，所務由高去尋院士代理，時序可能已是一九七八年初。時隔半年，期盼在臺北各校或史語所，已有空缺，試著寫了封信給高代所長，過了頗久，得到覆示，事情已有轉機，不知是史語所新增名額，還是高代所長關懷老友，向院方借了名額，說可以向所務會提聘了。大概事情大費周章，又隔了頗久，高先生來函示知，我的新聘案以高票（好像說是全票，記不清了，還是說高票好一點）通過，我又成了史語所的新鮮人了，也大概因爲我是通信研究員，學術地位較高，同仁才破例接納，可是我現在又沒資格作通信研究員了。本來嘛，去辦公室只不過十幾分鐘脚程，省五塊錢的郵票，有甚麼不好？

3 重任史語所甲骨文室專任研究員

一九七八年五月底，我在南大兩個月聘期聘約終了，南大學年結束，六月初束裝返臺，重任史語所甲骨文室專任研究員，室主任張秉權先生，他連任此職已超過十年，另有一位副研究員王恆餘先生，加上我，似乎也只有三人，是史語所最弱勢的一組。

那時，所長屈萬里院士，病況仍無起色，由考古組院士高去尋先生代理所長，不久，傳出屈所長請辭，專心養病，由高先生眞除所長。

我的辦公室在高先生緊鄰，是彥堂先師用過的，我這不成材的學生，不能傳承衣缽，倒傳承了辦公室，說起來實在有點僭越。一天，我去上班，看到屈所長孤零零的一個人坐在考古館進門穿堂的籐椅上，他告訴我，他是在等高先生辦理移交，高先生還沒來，我便坐下來，和他閒聊。屈先生說：「你回來晚了一年，要是你去年回來，所長這個位子是你的。」我心想，去年你安若泰山，而且正趕上臺中以北沒機會，不要說我回不來，即令回來了，又如何能取代你？我轉這些念頭，只幾秒鐘，對於他所說的，我只笑而未答，他如何那麼確定，說我想作所長呢？

4　錢思亮院長召見

上節寫到高去尋院士眞除所長，不久，屈萬里院士遽歸道山，距高先生眞除，該有一年了。高先生一任所長，作得並不輕鬆，凡事諸多掣肘，本來嘛，你絆我的脚，我就掣你的肘，這是理所當然的事。

就在高先生焦頭爛額、不可終日之際。同仁閒傳他倦勤，這應非空穴來風；不料竟慢慢變成了錢院長屬意由我承乏的傳聞；一天，丁邦新先生和我說：「聽說錢院長有意要請你作所長，你一定要答應，作所長沒有旁的好處，就是有權。」我說：「權和責是相將的，我已從南大退休過一次了，年過六十，那還有興趣挑這重擔？」那幾年，我和邦新兄作橋牌搭子，合作愉快，戰果也不錯，平時無話不談，所以才有以上那一段推心置腹的談話。說到這裡，想起幾年前一段往事，和我重回史語所後的所歷種種、來龍去脈頗有因果關係，以前漏記，應在這裡補敘一下，以助了解。

是那一年，我記不清了，可能是一九六九年吧，我邀請屈萬里教授，擔任南大中文系訪問教授；他到新加坡之初，轉述李濟之先生，賜讀拙著〈中國文字的原始與演變〉一文之後，盛加獎飾，那篇拙文，正是那年寄呈濟之先生的。正是那時，澳洲舉辦一次國際東方學會，性質沒記錯，確切的會名，不記得了。臺灣有許多學術界的人士，取道新加坡，結伴前往，就我記得的，有張清徽、方豪、丁邦新教授等十餘人，在新加坡停了一或兩天，從臺灣到南大任教的同仁，加上屈翼鵬先生，聯合作東，在新圖書館頂樓的餐廳設宴為赴澳開會的朋友接風，席間觥籌交錯，賓主盡歡。翼鵬先生大有酒意了，老找方豪先生和張清徽教授笑鬧敬酒；在這之前、和宴會進行時，邦新先生一直和我談一件事，他說這次來星之前，他和史語所幾位年輩相當的朋友，曾經交換過意見，結論是要他代表年輕的一輩，邀我早日回臺，言外之意，頗易令人引起某些連想；在這之前，我也耳聞，說濟老和年輕一輩，有難以溝通之處，過甚其詞者，甚至以紅衛兵相喻。又聽說濟老曾力邀翼鵬兄出任副所長，以作緩衝，已為翼鵬兄所拒。這些訊息，拼湊起來，所中近年的人際關係，已大致能勾勒出一個來了。聽了邦新兄一番說詞，我已經有了打算，我生平最不善處理人際糾紛，當然沒勇氣、也無興趣回去作調人，加上舉家來星才三年多，剛安定下來，又大事更張，不管從那個角度看，都非善策，便以此意向邦新兄坦陳，請求諒解。我們這番談話，翼鵬先生在旁，是約略聽到，以他的精明，不會聽不出邦新兄的來意，當時他沒說甚麼。等席散各自回家，已近十點鐘，忽聞叩門之聲，原來是翼鵬先生駕到，在平時他伉儷二人，也常來我們家串門子，但像那天那麼深夜，又只有翼鵬先生一人，倒是少有的；才一坐定，他就談起濟之先生對我的觀感，這尤其顯得突兀，他說濟老對我愛玩麻將，頗不滿意，也說不出更多令濟老不滿的事來，講了這麼幾句，他覺得無話可談了，便起立興辭。現在想來，他是有意明言，你不必指望濟老會主動提名你作繼任人選，證以一九七八年我回臺後的種種，這蛛絲馬跡，就隱然可見了。

就在邦新兄和我作了上述那段坦誠的對話之後不久，我接到了院長室那廉君祕書的電話，院長約期召見，屆時如約前往院長室，落座甫定，思亮先生以他慣有的遲緩低沈的語調說：「高曉梅先生三年所長的任期即將屆滿，因健康不是很好，無論如何也不肯繼續擔任，你和史語所有幾十年的關係，多數同仁也都認爲你是合適的繼任人選，不知你願不願意幫幫史語所的忙？」我接到那廉君先生的電話後，已經過周詳的考慮，當時立即回答：「謝謝院長的美意，可是我自覺並不適合擔任這個職位，第一點，我脾氣不好，不適合作主管，第二點，我有高血壓的毛病，服藥已達二十三四年，怕是難勝繁劇。」我脾氣不好，錢先生是知道的，在這一點上，他沒接渣兒，聽到我第二點理由，錢先生便接口說：「健康情形當然很重要，我內兄張茲闓先生身體也不大好，工作也很繁重，……」，下面的話題，越扯越遠了，說實在的，我也記不了那許多與本題完全無關的閒話，說了大半小時，我沒有搭腔的機會，其實也不必搭腔。錢先生是文章高手，一句話便轉回正題：「既然你身體不大好，以後除非萬不得已，便不再麻煩你了。」交談了大半小時，不，說「交談」不很合實情，我說過的就是上面所記那幾句，其餘全是錢先生的獨白，與本題相關的，也就是上面我記下的那幾句，我當然識相，立即興辭，時已近午。當天下午，他召見了邦新兄，並立即發表人事命令，由丁邦新先生代理史語所所長（或者是「代行史語所所長職務」，我記不清了），大概就是當天傍晚，或者是第二天，我遇到邦新兄，他說：「李先生，你爲甚麼不接受呢？」

我記下這一段兒，雖也算個人回憶錄裡值得一提的事，但還不是最重要的理由，在我快要在南大退休的時候，寫信向史語所求職，就有人認定我志在所長，假如眞的如此，那我在錢院長說出開場白後，大可先表示一點惶恐，然後立即敬謹接受，也免得錢先生費心說下面那一大段不相干的閒話，我也可以躊躇滿志；但我畢竟沒有答應，連邦新兄都有此一問，我寫下這一段的眞正理由，就是向朋友們表明，我眞的志不在此，這下子應該不會再有人說「疾夫舍曰欲之而必爲之詞」了吧！

5　最長的一天

這是一部美國電影片的譯名，此片演第二次世界大戰末期，盟軍反攻納粹德國，登陸歐洲的故事，是名片，是大事；我借用這個片名，所記又不是震驚世界的大事，似乎有點譁衆取寵，但所記之事，對本所來說，卻也不是雞毛蒜皮的小事。

這是丁邦新所長任內發生的事，是代理，還是眞除以後，記不清了。那是年度終了前的一次所務會議，全所同仁的考績、陞等、新聘、改聘，還加上其他所務，所列議程，足足有二十來個提案，要在一天之內完成，眞的非常緊促，參加的人，個個都感吃不消，主席丁邦新先生，尤其感到負擔沈重。

事情是由最後一案引起的，也可說是由我引起的，就讓我先將本案的案由交待一下。

考古組一位技正萬家寶先生，專門研究青銅器鑄造技術；他是臺灣大學工學院畢業的，和史語所的學術範圍，似乎有點風馬牛不相及，可是因爲他專門研究青銅器鑄造，這就和考古學的重要研究素材青銅器，發生了重要的關係了。

萬先生已任技正，是技術人員系統的最高職位了；以前本所有技術人員改任編纂的先例，編纂是屬於研究人員系統，最高薪，只比研究員低兩級。萬先生很希望改入研究系統，向所方提出申請，丁所長認爲管道不同，不能開例；其實技正改編纂，早有此例，不過萬先生是希望改爲研究員，和編纂究竟有點差異，於是就更成爲這個提案關鍵性障礙了。

也是我多管閒事，我在一次偶然的機會裡，發見萬先生在他專門的研究範圍裡，有相當好的成績，已爲國際間同行道間所聞知，那是一九六八年美國紐約大都會博物館召開「中國青銅器時代討論會」會上的事，此會分爲四組，大致是銘文、花紋、形製和鑄造，我和萬君，都是應邀去參加的，也都沒有提論文，鑄造這一組，只有一位日本教授提了一篇論文，而那位教授沒有到會，他的論文是否提交，我就不清楚了。會議第一天下午，我見到會議的主持人加州大學教授（或者是副教授）凱特立先生匆匆來找萬君，說是鑄造組出席的人極少，原準備宣讀論文的又沒有來，想請萬先生來個急就章，明天墊墊場，這原是不情之請，誰知萬先生竟答應了；第二天第一場就由萬先生登臺，他先用英語作開場白，然後用華語報告了近一小時，我認爲這很不容易，而且覺得銅器鑄造，雖是純技術範疇，但研究如何鑄造，畢竟是研究工作，莊子所說「技也，進乎道矣」，正是此意，便主動爲他向丁所長進言，他先有難色，但最後仍然同意提案了。

萬的改聘案，列入當天議程的最後一案，開始討論此案，已逾下午七點，當天是上午九點開始，已經足足開了十小時有餘，多數的人，已經憊不能興了。主席說明案由後，似乎沒有多少討論，也沒有人反對，很快就進入投票，這當然是因爲大家都有些無精打彩了；我因爲此案是經我大力促成，所以從進入本案討論，我就聚精會神的聽，開票時，主席請陳慶隆先生唱票，是誰在黑板上記票，我記不得了；陳先生站在主席丁所長左側，丁先生正和坐在他右側的、不記得是那位先生傾談，這時我發現陳慶隆先生攤開一張票，凝神細看了一下，用拿票的手碰觸丁的左肩，丁扭過頭來，對陳手持的票端詳了片刻，應該是說了簡單的一個字，又把頭扭向右側，繼續傾談，這時，我聽到陳先生高唱一聲：「可。」不一會兒，開票完畢，經統計：可票十一，否票和廢票合計十，本案以過半數的十一通過，主席丁先生如是宣布，也列入了紀錄，最長的一天會議，於焉結束。

第二天上午，剛到辦公室，接到召開緊急所務會議的通知，時間是下午兩點，大家都覺得不尋常，打聽爲了甚麼緊急大案，事務室說不知道，又帶點神祕的說：「到會場就知道了。」

下午如時前往會議室，丁所長宣布，昨天最後一案，計票錯誤，可票十一票中，有一票在「可」字上面，畫了一個圓圈，然後又在圓圈上斜斜畫了兩三個短劃，應算是廢票，可是昨天卻是以可票計的，因之今天爲此召開緊急會議，要更正這項錯誤。有人問昨天爲甚麼沒當場發現，後來又是如何發現的？丁說散會後總覺有甚麼不妥，夜晚一人到辦公室，打開封存的票，細細檢查，才發見的。這在處理上，明顯的有了瑕疵了。昨天，丁明明以主席身份，宣稱本案以十一可十否通過，今天卻要求改爲十可十一否，不通過，這自然構成了程序問題，學法律的張偉仁先生卻堅持這不是程序問題，可以簡單多數，加以否決。我力持不可，我覺得即使萬的學術成就，不夠作研究員，既然投票通過了，就得遵守，最壞也不過是有了一位不是有很好成就的研究員，那只是個案，所關者小；假如昨天議決的，今天又來次緊急所務會議，加以否決，所長可以予奪由心，那還要這所務會議何用？至於夜晚一人檢查票箱，雖不足爲訓，我卻不懷疑主席動了手脚，這時張秉權先生大聲說：「我懷疑！」我說不懷疑，是由於我對丁的信任；但張說他懷疑，在法律上，是絕對站得住的。爭執了很久，決議將經過情形，報院定奪，這也是我建議的，這才是尊重體制的正辦。

6 商山四皓

上節所記，本案還虛懸未決，第二天，我決定去面見總幹事韓忠謨先生，石璋如、高去尋、黃彰健三位先生知道了，主動的願和我同往，韓先生聽清楚案情之後，表示既然決定報院，那就等文到後，呈由院長吳大猷先生裁示，我們也向韓表明只是來說明不贊成用那種草率處理的立場而已。

從韓的辦公室出來後，我逕赴丁的辦公室，告以適才的事，我覺得我不贊成他的處理態度，只是對事不對人，這對他不會構成傷害；他說他仍然沒有覺得他的處置有甚麼不妥，隨即又苦笑著用了一個典故：「商山四皓都不贊成我，會對我沒有影響嗎？」

我這麼作，也許失去了一個朋友，但我的出發點，是爲了愛護這個團體，是善良的。後來，丁眞除所長之前，吳院長曾個別召見本所資深人員，徵詢對所長人選的意見，爲了表示鄭重，我用書面提出，我所推薦的，仍是丁邦新先生。

7 史語所《集刊》編輯委員會常務編輯

史語所從民國十七年創立，迄今已六十七年，孟眞先師的篳路藍縷，當然居功至偉，而幾十年來，若干位前輩，苦心覃思，精研學術，著述不輟，一樣的功不可沒。每一位前輩的單篇學術性論文，打一開始，就按年彙集刊布，名之曰《集刊》，這項業務，一向由學術出版品編輯委員會掌理，編輯委員會由各組主任及同仁互選組成，訂有編輯規則，傳承至今。對一個研究所而言，這個出版品編輯委員會，和它所訂編輯規則，實在是這個所的大經大法，其重要性，較之本所組織規程及所務會議規程，尤有過之，因爲後者只涉本所人事組織和行政業務，而前者則涉及這批學術精英分子嘔心瀝血的研究成果，攸關學術命脈，我輩後生小子，應如何加以寶愛、維護，才能使得這得之不易的學術大本日益發揚光大。

民國六十七年，我六十歲，從南洋大學退休回所，重任甲骨文研究室研究員。在所務會議中，承同仁不棄，票選我爲出版品編輯會委員，依慣例得票較多的前三名，陳槃先生、高去尋先生和我爲常務編輯，直到民國七十四或是七十五年我改任甲骨文研究室主任，依慣例爲當然編輯爲止，我一直是所務會選出的常務編輯；以我在學術上的些微成就而言，擔任此職，是當之有愧的，因之戒愼恐懼，不敢掉以輕心。常務編輯互推陳槃先生爲召集人，所有同仁投稿，多數由召集人指定審查人，間或也經三人會商決定。一天，高先生拿給我一篇文章，說陳先生指定由他審查，他又轉交我處理，我接過一看，是周法高先生來稿，文題已記不清楚，是報導在陝西（抑或是甘肅）某處發現大批青銅器的經過；照說，高去尋先生對考古田野工作和青銅器，都是專家，陳先生指定由他審查，原是非常合適的，現在他推給我，一看內容，我就明白了；全文約兩三千字，是從大陸某一學術期刊或者新聞紙引述的，由發現該批青銅器的農夫某君的談話開始，下面就縷述地方文物機構處理經過，和所得標本的清單，此外就沒有進一步的研究工作了。高先生鄭重的和我說，這種報導性稿件，似乎不合《集刊》的體例，讓他感到爲難，向我徵詢意見，我也有同感。研商之下，苦無善策，我覺得以周先生的深厚學力，和他所著《金文零拾》、《金文詁林》的輝煌成就，只要將所述青銅器資料，多蒐集一些，作進一步的研究，在周先生是優爲之的。旁人也許不便向他建言，我和他從大學同班開始，幾十年的交情，向他作此建議，應蒙鑒諒的，便自告奮勇，帶著這篇文稿，去周先生辦公室拜訪。這在平時是常有的事，但那天我雖認爲應蒙鑒諒，但畢竟覺得難於措辭，因之不免有些緊張之色，周先生是聰明人，反應非常快，扭過頭來望向我，一言未發，我有點囁嚅，硬著頭皮說：「周公，這篇大文可否潤色潤色？」我是想等他稍有反應後，再進一步的建言，他卻一言不發，伸手接過文稿，向桌上一放，便不理不睬了，我感到很尷尬，也只好逡巡而退。

聽說，第二天周先生去看高所長，大興問罪之師，他說：他是資深院士，竟然被退稿，以後再也不向《集刊》投稿了。以後周先生果然再沒投過稿，這都是我楞頭楞腦闖的禍。

後來，不記得是所務會、還是編輯會有了新規定，凡是資深研究員向《集刊》投稿，文責自負，可以不經審查。

這次風波還有後續發展呢，民國七十五年，我應東海大學中文研究所所長楊承祖先生之邀，去兼一門課，有一位韓國研究生張仁杰君要跟我撰寫碩士論文，並向我要題目；我指導的研究生不多，但我有一個原則——不命題，必須由學生，根據他的興趣和學力，搬出三幾則題目，再來和我討論，經過斟酌，告訴他資料範圍和來源，再定寫作計畫，我覺得假如連發見問題的能力都沒有，如何能解決問題。可是張君是外國學生，又自稱對文字學有興趣，一定要求我成全他的志願，由於一念之仁，我破壞了一向堅持的原則，這還不打緊，只是我自己多費點氣力；可是我高估了他的能力，他無力完成論文，竟因此退學，這錯誤就難以彌補了。

我曾經不只一次的思考過，《說文解字》和《玉篇》是時代相去不太遠的兩種重要文字學書，前者處理的文字資料主要是小篆，後者則是楷書，兩書部首又大致相同，卻有二十四部的出入。我想對這兩書部首作比較研究，對中國文字的演變和分類方法，定可獲得若干重要訊息，現在何不藉指導張君寫論文的機會，對這問題作初步的探索，於是以《說文、玉篇部首比較研究——中國文字新分類法初探》爲題，交張生，並指導他入手的方法；隔了一週，張生來看我，他的寫作計畫，仍是空白一片，和他談，他也一片茫然，我發現他是無能力寫這個題目了，便勸他改變範圍、主題，另請導師；誰知他非常倔強，不肯接受我的建議。過了兩天，我對他再提此議，他竟生氣的說：「請老師不要再提此事，我決定不換題目。」

那就只好由我代他擬寫作計畫和綱要了。寫好後交給他，過幾天再問他，他仍然一個字也沒寫；現在我只好自己先寫一篇，給他作範本了。

那時是民國七十五年，我還在史語所專任，輪到我在例行的學術講演了。我就以此爲題，通知張生去旁聽。我的重點在副標題，希望尋求漢字的合理方法，我的構想是在部敘之外，每部之中的從屬字，也就其和部首的親疏遠近，作有系統的處理，以減少學習的困難。正題比較研究部分，作得還不錯；副標題部分，就是文字分類學，是中國文字學研究兩千年來最弱的一環，自然我也沒作出好成績。講演完畢，大家討論時，我提出可否將此文先發表，以正式提出此問題，不知能否向本所《集刊》投稿？周法高先生立即應聲說：「《集刊》是高水準的學術刊物，此文只合投二流雜誌。」隨即轉頭向黃彰健先生說：「就投你主編的《大陸雜誌》吧。」彰健兄不以爲忤，立即向我索稿，我從善如流，就這麼決定了。後來據知周先生也將他所寫陝西發現大批青銅器報導性文章，也就是我請他潤色、因而引起軒然大波的那篇，也投到《大陸雜誌》，周先生責人、責己，完全採取相同尺度，確實可敬；不過我卻覺得，《大陸雜誌》所刊是未經改寫的原稿，那是自貶身價，第二流的地位，怕會因之岌岌可危了。

照常理言，資深研究員應有一定的水準，只要他忠於學術，愛惜羽毛，寫的文章，原可不經審查的；可是《集刊》就有一篇外國資深漢學家所撰的大文，因爲誤解了《說文》的文義，文章裡錯誤纍纍，這確是免審的後遺症。

資深免審，是我捅出來的紕漏，後來在民國七十七年三月三十一日，我在退休的前一日，交了一本專書稿，書名《讀說文記》，丁邦新所長和我商量：「李先生請別介意，我覺得資深免審，不是好辦法，我現在想恢復以前一律審查的辦法，就從先生的《讀說文記》開始。」我自然完全贊同，解鈴還須繫鈴人啊！可是，從那位外國資深漢學家的大作開始，不是更好一些？

8　學問不好，還是人緣不好？

這是老友張次瑤先生寫給我另一位老友高曉梅先生信中的兩句話，他們兩位都是院士，高先生又是評議會人文組評議員，院士每兩年選舉一次，那時又到了該選舉新院士的時候了，次瑤兄的來信，正是和曉梅兄商量爲我提名的事，信中有此二語，覺得我之未被提名，在他看來，總覺得有些遺憾。

我青年時代，頗有用世之志，可又志大才疏，漸長，知道這只不過是不自知的一種幼稚想法，因之就一變而爲少無大志了。無大志原沒甚麼不好，後來又誤打誤撞的走上學術這條路，稍久一點，才發見自己在這方面，「才」也很有限，雖然如此，中年時期，對院士這頂桂冠，又有點憧憬了，一個以學術研究，爲終生志業的人，能實至名歸的當選院士，自然是可喜的，看到老友對我的期許，也不覺怦然心動。那一年，我第一次被提名人文組院士候選人，這是次瑤兄倡議的，論理應由他領銜，他認爲他的專業，和我的有距離，又謙稱人望不夠，建議由周法高先生領銜。周先生以中國古代語法當選院士，和我所學文字學，是比較相近，次瑤兄的說法，自然近理；但這卻苦了我，當時我想，院士都是第一流的，我的拙文，曾被法高兄當衆貶爲第二流，假如有第二流院士，他也許還願意幫我說幾句好話，現在不自量力，要力爭上流，是有點可笑的。可是這個想法，只能擺在心裡，現在到了寫回憶錄的年歲了，才想不妨寫出來，讓朋友們作個談助吧。

當時聽了次瑤兄的建議，就厚顏去看法高兄，他要我自己寫提名意見書，這也算合理，一個人究有幾分火候，自己應該是最清楚的。法高兄又和曉梅兄說，他和我是中央大學中文系同年級同學，和張秉權先生也是系友，他不能只提我參選而獨遺秉權兄，於是那一屆人文組院士提名，史語所就佔了四位，分別是全漢昇先生、張秉權先生、丁邦新先生和我，這眞是堂堂之陣；但明眼人一看，便知必然產生排擠效應，尤其是張和我，行道完全相同，是決無花開並蒂的可能的。

院士會選舉揭曉，史語所只全先生一人當選，這以後幾屆選舉中，我又兩度或三度被提名，分別由勞貞一、黃彰健先生領銜，都是落選。現在可以代曉梅兄答覆次瑤兄了，「李孝定之不能當選，是學問不好，人緣不好，兼而有之的。」

寫到這裡，忽然想起，在這屆我被提名之前三、四年，一次偶然和何佑森教授閒談的舊事，不知怎麼談起的，話題扯到中央研究院院士選舉上來了，佑森兄說：「以你在你那行裡的成就，是應該當選院士的，但我卻斷言你當選不了。」我當時聽了，哈哈大笑，許爲知己，現在想來，更有些神了。

本來，落選了就落選了，沒有甚麼好談的，我卻嚕嚕囌囌，寫了一大堆；下面，還想不辭酸葡萄之譏，談談院士選舉辦法和選舉風氣。

院士都是第一流的，是有其道理的，看官們不相信，只要將〈中央研究院院士選舉規程〉找出來，細讀一遍，就能了然於心，信非虛譽。

本規程共計十七條，是民國三十六年中研院第二屆評議會通過，其後又經過評議會五次修訂，是經過深思熟慮，集思廣益的產物。主要精神是儘量想方設法，提高當選人的品質，絕不容許有濫竽充數的可能，立意是絕對正確的。我卻有些杞人憂天的想法，那便是一味求嚴，卻產生了執行上無可克服的困難；我是一個三或四次落選的候選人，說這些話，自知不免於主觀，但我只是善意的檢討，決無批評攻訐之意，知我罪我，非所敢計了。

十七條文，不能全引，謹摘抄重要的一兩條，以爲檢討的張本：本來這是評議會諸公的職掌，我不在其位，不謀其政，越位進言，徒貽笑柄，但芻蕘之言，也許可供在位者參考，但也算盡了四夫之責了。

摘抄條文如下：

「第一章　總則

第二條　本院院士之選舉，其名額依照本院組織法第十條之規定，分爲數理、生物及人文三組，每年至多十五人，每組名額以五人爲原則，但遇特殊故障，院士選舉，得併年辦理，總名額至多仍爲十五人。

第四章　院士之選舉

第十三條　院士會議選舉院士時，應就各組候選人名單及有關資料，對每一候選人加以討論後進行投票。

院士會議第一次投票選舉後，如各組當選者未滿分配名額，得由院士會議商定繼續投票或終止投票。院士會議各次投票（第一次包括通信投票，第二次以後包括委託投票）結果，候選人得三組綜合票數達投票人數三分之二者當選。但在第一次投票時，如本組投票數達本組院士人數二分之一，候選人得本組票數達本組投票人數三分之二者，則其在各次投票得三組綜合票數過半數票即爲當選；如本組投票數未達本組院士人數二分之一，仍須得三組綜合票數達三分之二方爲當選。」

以上摘錄的條文，所根據的，是民國六十二年十一月二十四日第八屆評議會第二次會議修正的版本，至今又已二十二年，是否再經修正，我不知道，只能以此爲據，略申鄙見。院士選舉，分爲三組，在找不出更完美的處理方法之前，這應是最好的方法；但學術的領域，如此廣泛，每組所涵蓋的都廣闊無垠，隔組的不用說了，就是同屬一組的，仍然是隔行如隔山，每位院士，在自己專長的領域裡，雖然都是一流的，但假如要求他們對每一位候選人的成就，都能作正確的評估，那是絕對不可能的，問題就從這裡產生了。選舉辦法裡所作二分之一、三分之二之類的規定，門檻設得高高的，無非是求嚴格、求完美，但眞眞執行起來又是如何呢？在本組院士的假投票中，因爲行道究竟比較接近，只要執行假投票的人認眞一點，抽看候選人一兩種著作中的三兩個章節，再向信得過的朋輩中，略作探詢，那麼這一票的投出，是大致可以採信了。但是隔組的呢？投票人可能連某一位候選人專攻的學術上的一個小門類，連名稱都很陌生，更別說內容了，於是這便成爲提名領銜人最大的活動空間，他可以舌粲蓮花，使盡混身解數，去影響投票人，這還是正常的；假如再加上各種選舉文化中的黑箱作業，如換票之類的整批交易，那結果便將離公正、純淨，漸行漸遠了。在所知各屆選舉中，有在評議會審查時全票過關的候選人；相反的，也有六位同一較小領域的院士提名的候選人過不了頭一關，於是六位院士揚言杯葛某一組的院士選舉，經溝通協調後，才以僅選出一人的尷尬場面；也有幾乎全票當選的院士；凡此種種，幾乎都和門檻太高有或多或少的關係。試想，在本組投票不及二分之一的，就要在三組綜合投票時，得到三分之二的票，才能當選，請問這多出來的外組票，是如何獲得的，能代表多大的正面意義？眞該深長思之了。

這種選舉辦法，行之近半世紀，儘管頗有可議，卻也是一時俊彥之士苦心焦慮才訂出來的，要想改得盡善盡美，弊絕風清，談何容易？我嘗試思之，既然問題多半出在大量爭取外組票上，以求超越不切實際的高門檻，那麼讓各組各自選舉本組的院士，廢除三組綜合投票，似乎不失爲一個值得思考的方向。至於本組院士的當選，則以獲得本組投票人三分之二的票數爲準，如當選者不足額時，也以訂立較嚴的第二次投票的標準，這都是容易解決的問題了。

個人思慮不周，以上也是隨想隨記，決不敢自是，拋磚引玉，企予望之。

9 充滿硝煙味的座談會

本院院士選舉，兩年一次，習以爲常；每逢選舉之期，冠蓋雲集，全院像辦大喜事似的；各組院士，就其專長，相偕訪問各所，參觀訪問，開座談會，商量研究大計，院士諸公對院務的擘畫貢獻，這是最直接的。

某年，又逢選舉之期，照例冠蓋雲集，人文組院士（似乎沒有全部到齊）蒞臨本所訪問，並舉行座談會，所長丁邦新先生主席，人文組院士中的大老如李方桂、勞貞一、楊聯陞諸院士均在座。由主席致詞後，各院士先後發言，先泛談了些問題；後來方桂先生具體建議，將甲骨文室改為文學組，聯陞先生大力支持，時任甲骨文室主任的張秉權先生發言表示不贊成的意見，他大意說：濟之先生領導安陽發掘，是世界考古學界的盛事，甲骨文的發見，尤其膾炙人口，現在我們自己將這個專門研究的招牌摘下來，是自毀長城，會引起國際學術界的疑議。楊聯陞先生覺得張先生不贊成方桂先生和他的意見，違背了學術界的倫理，他當時沒提「倫理」這個詞兒，好像是說：「方桂先生這種大老的意見，也不被尊重。」下面他還說了許多話，就更盛氣凌人了。這時，主席忽然指名要我發言，他知道我是贊成改為文字學組的，他希望我加強李先生的聲勢；我的確是主張改為文字學組的，以前我曾向屈萬里所長提及過，但在當時那種硝煙瀰漫的情形下，丁先生又指名我發言，我要支持李、楊兩位大老的意見，似有助強凌弱之嫌，稍作猶疑，我起立說：「我原也主張改為文字學組的，可是張先生的顧慮，也不為無理；而且現在同仁的工作，非常自由，我就是專門從事文字學研究的，改不改名，沒有實際的影響。」我發言後，楊先生的火氣，似乎平息了些，李先生倒是一直維持平靜的風度的，因為是座談會，不必有結論，當天的討論，就到此為止了。

說到甲骨文室的成立，倒有一段小掌故。應該就是本室成立的民國四十六年，或稍早一點，李濟之先生叫我到他辦公室，第一句話就問我：「陸琦兄，你覺得『甲骨學』這三個字通不通？」我說：「研究卜辭，只有兩條路：先要識字，那是文字學的範圍；字認識了，再來釋讀卜辭，就其內涵加以研究，那是古史學的範圍。」濟之先生說：「這不就結了，現在偏有人要成立甲骨學研究室。」說到這裡，我完全明白，濟之先生是針對彥堂先師的主張在發牢騷。

濟之先生主持安陽小屯發掘，彥堂先生是自始就參加的，在編制員額上，彥堂先生也屬於考古組；孟眞先師逝世後，濟之先生繼任所長，兼考古組主任如故；日子久了，二老是否有了點齟齬，這我就不大清楚了，反正我聽到彥堂先生有成立甲骨學研究室的主張，而且希望把這個室擺在臺灣大學，將發掘所得卜辭，一併搬了過去。經當時中研院院長朱家驊先生的調停，在史語所之下，成立甲骨文研究室，由彥堂先生任首屆主任，據解釋，室的地位高於組，編制也可以較大。但仍屬於史語所。這都是行政上的安排。

從學術領域和卜辭內涵言，我個人覺得，這批地下資料，對文字學和古史學，同樣重要，對文字學的研究，貢獻尤鉅。殷人的占卜範圍，所涉甚廣，上自宗廟祭祀、軍旅征戰、農業豐歉、風雨天象，下至個人疾病、生育嘉否？兼容並包，較之青銅器銘文內容，遠爲廣泛，因之所用詞彙豐富，常用字亦較多，確切可識的一千餘字，可藉以對文字學作全面之觀察；就漢字發生及演變觀點言，甲骨文尤處於關鍵性之地位。至於以卜辭證古史，雖亦有極豐碩的成績，但比較片面而零星，如宗法氏族制度、官制、軍制、氣象等各方面，僅就卜辭，較難勾勒出完整清晰的古代面貌。至於研究機構的名稱，倒是比較次要的，不管是文字學和古史學，光靠十萬片甲骨片，都是不夠的。

10　第一次漢學會議二三事

幾十年前，國際性學術會議少，多少年難得舉行一次，有資格被邀請參加的，幾乎都是一登龍門，身價百倍，出而可以傲其朋輩，歸而可驕其妻妾，那眞是件光宗耀祖的事。現在，年頭兒不同了，不知是學術發達了，學者增加了，還是怎麼的，反正國際性學術會議，如雨後春筍，只要有興趣、有時間、有閒錢，一年參加個三五次，到處跑跑，成爲空中飛人，那是稀鬆平常的事；就有些朋友，到處打聽開會的消息，拜託索取邀請函，寫一篇無關痛癢的小文章，眞積力久，自然成了國際知名的學者，這也是登龍一法。

我出道晚，學術工作作得不夠紮實，加之外語能力差，覺得沒有參加討論、發表意見的能力，藉參加國際學會打知名度，也沒有多大意思，自然就參加得少了。現在所記的，是在臺灣召開的第一屆國際漢學會議，時間是十多年前，由李方桂先生任此會祕書長，負責策畫，丁邦新先生任執行祕書；在期前一年開始籌備，策畫周詳，兼之經費充裕，應邀的人，供應來回飛機票，開會期膳宿，還有出席費，眞是近悅遠來。

大會共分五組，組別名稱，記不清了，我參加的是語文組，所記都是親見親聞之事，也許有些可以作爲茶餘飯後談助的價值。

前面提過，因爲策畫周詳，供張豐贍，名流學者，眞正冠蓋雲集。語文組有一位日本的重要學者白川靜先生參加，他的論文題目我記不淸了，只記得他列舉了約莫五六個中國古文字作討論，材料太多，他用日語發言，由本所語言學組研究員龔煌城先生翻譯，原規定每人三十分鐘，白川先生已經超過了，再加翻譯，已用掉一小時；我記得講完時，龍宇純先生似乎曾示意，要我提問題，我原本也打算發言的，幾乎全是有關中國古文字的考釋方面的問題，但因時間已超過太多，就作罷了。現在我想在此對古文字學，提出一點我個人的想法，本來這種學術性的內容，不適合在回憶錄裡寫，那會使得讀者昏昏欲睡；但我要講的，是一個頗具關鍵性的問題，眞要認眞的寫，必須引證許多資料和例證，我的視力已經難以勝任了，現在寫這回憶錄，讀者諸君也許不相信，幾乎是閉了眼，用原子筆寫的，原子筆是硬筆，只要不離開紙，是可以憑印象寫的，筆一離開紙，要找回原來的地位，就得大費周章了；下面要寫的，只寫自己的想法，不必找資料，視力差還不至於到不能寫的程度，就借這個機會，留下一點我的想法吧。

中國文字學，是一門極度本土化的學問，易言之，它是有相當大的國界限制的；西方漢學家，淵博如高本漢，他講中國聲韻學，極爲出色，但講文字學，就有比較多的隔膜了；至於其他西方漢學家，對中國語文了解不及高本漢的，要講文字學，就更困難了。我聽過一個故事，好像是UCLA的周隆庠教授，在夏威夷大學召開了一次殷商文化討論會，一位美國漢學家，認爲甲骨文的「」字，不應該假借爲「貞」，而應該從其本字本義，也就是用「鼎」盛了祭品來祭祀的意思，西方的漢學家，覺得很有新意，大概也覺得有成就感，紛紛表示支持；中國和日本的學者，贊成舊說，爭論不休，最後是投票決定，贊成舊說「貞」的佔多數，民主是夠民主了，但在學術上卻鬧了一個不大不小的笑話。西方漢學家，對漢字所知不多，自然有隔膜，假如他們知道漢字演變過程中，有假借和形聲化的先後階段，而且商周之際，也出現了從「卜」、「鼎」聲的「鼑」字，才又簡化爲「貞」，這次辯論是大可避免的了。

近來又常有外國漢學家，用人類學家所觀察到的現象，去解釋漢字，這原是一個可取的方法，許愼在《說文解字》序裡，就曾拿畫卦、結繩來和文字相提並論，他說：「後世聖人，易之以書契。」畫卦和結繩，是幫助記憶和代表比較繁複概念的符號，是人類學觀察的範圍，一到易之以書契，是從符號演變爲文字的過程，那就屬於文字學的範圍了。

文字學是一種要求「甚解」的學問，用五柳先生讀書的方法是不夠的；它的演變，是脈絡貫通的，我常用「窮其原委，觀其會通」兩句話，來說明文字學研究的極致，是有許多實例可資佐證的。用人類學的觀念來解釋漢字，是大膽的假設，必須輔以文字學的研究方法，才能達到小心的求證的境界，假如以人類學的觀察爲能事，那就不成其爲文字學了。

另一事可記的，是一位與會者所提宣揚漢字源遠流長的文章，作者以前是從政的，而且有煊赫的身世，大陸易幟後，他從絢爛歸於平淡，飽讀孔孟之書，本次會議中，他提了兩篇論文，參加思想和語文兩組。思想組的情況，我不了解；語文組的這篇，是一篇講中國古文字的論文，所引用的古文字，幾乎全是大家所未曾見過的，依我看，應該是出於杜撰，像這種文章，竟然列入議程，嚴格的講，應該是祕書組的責任。他宣讀完畢，約莫有一兩分鐘的冷場，聽衆有人交換眼色，卻沒有人發言，這種文章，原是無法討論的。正有點尷尬，丁邦新先生發言了：「您今天所提這篇論文，是以愛國者身份提出的呢？還是以學者身份？」語氣是咄咄逼人的，讓論文宣讀者完全沒有迴旋的餘地。那位先生是經過大風大浪的，他竟然好整以暇的說：「我是以這兩種身份提出的。」丁先生繼續說：「假如您只是從愛國的觀點出發，那就不必討論了；既然也持學術立場，那您所用是何種資料？見於何種著錄？有那些研究文獻作根據？」可以想見的，這些問題，都是不可能有答案的。原作者提到了當時也在場的兩位學者，林尹教授和趙友培教授，似乎是希望獲得支持，他說他曾經向這兩位大師請教過，不過林、趙兩位當時都未發言，原作者是一位八十開外的老人家，呆立在當場，連脖子都紅了，我看得很是不忍，所幸時間已到，大家都要去喝咖啡了，才草草終局。事後，丁先生頗受到一些批評，連一位西方漢學家，都認爲他太過份讓老輩難堪；他問我的意見，我認爲這種文章，祕書處應該拒絕列入議程，既然列入了，又當衆給他難堪，是有傷忠厚。丁告訴我，有黨方的壓力，擋不住，我說這是他自取其辱了。現在想來，假如丁先生能強項堅拒，仍然比這結果要好一些。

另一件事，是和我有關的，趙友培教授在宣讀論文時，說到文字學原是淺顯易了的，但自從丁福保的《說文詁林》、周法高的《金文詁林》、和我的《甲骨文字集釋》出版後，弄得文字學界天下大亂。周和我都沒有說話，我覺得這是毋庸置辯的，而且是對我們的恭維。在喝咖啡時，趙先生又對在旁的人說：「李先生是我的老師，我的古文文學知識，都是從他的書上學到的。」我遜謝不遑。

誠如趙先生之言，文字學原本是淺顯易了的，只是歷來治文字學的人，見樹不見林，又過分株守許慎《說文》的說法，總希望把每一個字，解釋得恰如許慎之意而後已，清朝的《說文》學家，多有此病。許慎偶有望文生意的解釋，要曲成其說，必多紛歧，丁福保竟其一生之力，編成《說文詁林》，將各家之說，彙集成書，原是治文字學者最佳參考書，但勝義與曲說並陳，淺學者目迷五色，無所適從，那眞會天下大亂。周書之功，同於丁書；拙編《集釋》，有自己的按語，稍異於兩書，但因係早年之作，功力過於淺陋，原來想稍探文字原始的一點心願，所成就的百不逮一。不能善讀三書，那眞非天下大亂不可。我近二十多年來，於丁、周兩書，用功頗勤，丁書除了寫作時偶爾翻檢之外，還從頭至尾，翻讀了三遍；讀者諸君，請不要誤會，丁書十幾巨冊，全文總在數千萬言以上，要說一字不漏的讀了三遍，那必是自欺欺人，而且那麼讀，也毫無意義。第一遍，是兩次撰寫《甲骨文字集釋》時，凡甲骨文所有之字，即在丁書相應之字下，詳讀其所收清儒意見，其實這已經翻讀過兩遍了；第三遍，是寫《金文詁林讀後記》時，第四次是寫《讀說文記》時。方法都一樣，三書各約千餘字，換句話說，《說文詁林》中，和拙著三書相關的一千多條，我已翻讀過三四遍。這些話對本書的一般讀者說來，毫無意義，我有「人之患」，我這是寫給我的學生看的，我只希望他們好好的讀一遍《說文段注》，他們還辨不到呢。

上面說了許多閒話，其實只想將弄得天下大亂的文字學，尋求撥亂反正的方法，我不能自欺欺人，說我已經作到了，不過我很高興，我已跨出了正確的第一步。在前文裡，有一小節的標題是〈文字學研究新方向的探索〉，述敘我近二十多年來的工作重點是探索漢字起源與演變，鍥而不捨，自覺頗有點心得，假如用這種全面的觀察和系統的描述，使至繁至賾的文字現象，能夠要言不煩加以駕馭，則淺顯易了的目的，是可以達到的。

11 準備增訂《甲骨文字集釋》

我寫過兩次《甲骨文字集釋》（以下簡稱《集釋》），第一次是讀北京大學文科研究所的論文，民國三十三年脫稿，全文六十萬字，交到北京大學後，在抗戰勝利復員時，被弄丟了；第二次，是民國四十八年辭去臺大校長室祕書後，回史語所重理舊業時開始寫的，民國五十三年完成出版的，約一百五十萬字，這是截至目前爲止，被使用得較廣的一種甲骨文字典，其完成去今也已三十三年了。

三十多年來，新出土的殷商甲骨，雖止有安陽小屯南地的那一批大約四千多片，新增的字雖不多，但新的考釋文獻，應不在少；但自民國五十二年後，我的研究重點，轉換到漢字的起源與演變這個主題上，對個別甲骨文字的考釋，興趣已大大的減低，而且甲骨文的研究，迄今垂百年，這方面也已沒有太大的發揮空間，我也覺得在這方面，已經盡了拋磚引玉的努力，自然會有人繼起作增訂的工作；但這是爲人之學，有作爲、有抱負的學者，是不大會有興趣去下這種笨功夫的，所以三十多年來，未聞嗣響。大概是民國七十一或者七十二年，我應香港中文大學之邀，去參加中國古文字學討論會，第一次得識胡厚宣先生，他極力鼓勵我，作《集釋》的增訂工作，並說，據他所知，在大陸、在香港、在臺灣，都有人在著手進行，他認爲我自己更應該義無反顧。

上面說過，編字典是一種爲人之學，我兩次寫《集釋》，都僅憑一手一足之烈，既不像現在有許多方便的參考書，又是初出道的毛頭小伙子，不像現在的大學者們，動輒三兩位助理，可以指揮若定，影印資料，成千累萬的字，只需一舉手之勞，咄嗟立辦，這在當年，可得花掉我三五天的寶貴光陰。就因爲作起來很是耗時費事，而工作的性質又沒有甚麼原創性，所以有學問的人，是不大肯作的。拙篇《集釋》，雖然談不上甚麼研究工作，但確是很誠實很認眞的作品，大家用起來方便，多年來行銷了四千套以上，誤人不少，確實該增訂一下了。

據我所知，從事這方面工作，著手最早，而且已卓著成績的，首推姚孝遂先生和他的好幾位同仁，已出版《殷墟甲骨刻辭類纂》、和《殷墟甲骨刻辭摹釋總集》兩種鉅著，可惜我雙目已近全盲，如此好書，已無力拜讀利用了；姚先生另一種收集考釋甲骨文字的專著，尚未出版，前年在香港見到他，請問此事，他非常謙虛的說是沒有甚麼意義的工作，姚先生眞是謙光君子，這種工作，是一定後來居上的。

在臺灣有成功大學的黃競新博士，也在從事類似的工作，蒐集的資料，擺滿了幾間屋子，眞可以用汗牛充棟來形容，但不知何日成書。還有師範大學的邱德修教授，著手也已好幾年了，較少過從，想來已接近成書了。

許進雄教授曾批評我們的增訂工作，是時間和金錢的浪費，我覺得他這麼說，不能算知言。除了單純的蒐集資料，不作任何研究，那麼重複是有點浪費的；如果有研究工作，各人可以完全不同，再重複也不能說是浪費，除非研究者學力太差，那就又當別論了。

十多年前，從香港古文字學研究會回來，和丁邦新兄談起胡厚宣先生建議增訂《集釋》的事，他極力贊成，邦新兄時任所長，立即撥一個研究助理的名額，要我物色人選，著手蒐集資料；而且要求，增訂本《集釋》的寫定工作，要由我親力親爲，那時好像是民國七十四、五年，我六十七、八歲，自覺餘勇可賈，也就對他作了承諾。

就在這個節骨眼上，楊承祖教授邀我去東海大學中國語言文學研究所兼一門課，聽說我有增訂《集釋》的計畫，便會同方師鐸教授，向我推薦他們的學生陳昭容女士，說她在東海中文系大學部和研究所，數年之間，全是第一名，沈潛好學，極富研究潛能，有這麼好的人選，當然立即接受；那時我也接了史語所甲骨文研究室主任的職位，便積極進行，和當時任副研究員的鍾柏生先生、助理研究員的陳韻珊女士商量，既要增訂，內容就力求充實。所有甲骨書著錄的資料，以島邦男《殷墟卜辭綜類》爲底本，凡島邦氏所未收的，悉數網羅；島邦書所收資料，有誤刪、誤分、誤合的，由陳韻珊女士訂正；凡《集釋》所未收的諸家考釋，則由陳昭容女士負責蒐集，作成卡片，然後由我寫定。當年我寫《集釋》時，批判諸家異說，定以己意，所採標準是，以某一家對某字的解釋，能讀通所有卜辭爲原則，其有不能悉通者，則於按語中指出，以爲存疑。現在因參考書增多，可見卜辭，較撰寫《集釋》時，何止倍蓰，作成結論，遠較以前困難；當時我估計，材料（包括卜辭及各家考釋）齊備後，寫定工作，最少也得三五年，這還是我對拙編原書，頗有自信的大膽的估計。

前面所記，大概是我從史語所退休之前兩三年的事，所說由我寫定，當然是最後一步的工作，在那兩三年之間，其他幾項工作，都還在進行之中，還沒輪到我進行最後一步工作，我已經滿七十歲，從史語所退休了。自然，退休了仍然可以寫，事情卻陰差陽錯，我又被東海大學梅可望校長拉去專任了三年多，增訂工作的前幾項，也都還沒完成，寫定的工作，自然就擱下了；陳昭容女士又在七十八年考上了東海大學博士班，她所分擔的蒐集甲骨文字考釋工作，雖然已蒐集到不少資料，但也還剩下些沒作完，另兩項，也似乎沒有完全蕆事；更糟的是，我的兩眼已近全盲，寫定工作，是篤定不能由我來執筆了，我必須向所有關心這項工作的朋友說抱歉，但這是無可奈何的事。

這項工作，只有等待本組其他同仁來完成了，不管由誰來執筆，都會比我寫得好；但我畢竟癡長了幾歲，又多了兩次撰寫《集釋》的經驗，我想把我的一點想法，紀錄下來，供執筆同仁參考。

考釋甲骨文字，目的在通讀卜辭，因之，要考核所釋是否正確，第一步就是用以通讀卜辭，以前我所採取的標準，是要將見到這個字的卜辭，完全讀得辭從理順，那所釋自然正確可採；今後資料參考書出得多了，每檢一字，衆辭悉備，古今語法不同，要想對所釋之字，只採取一個說法，而能通讀所有卜辭，嚴格的講，是不可能的事；卜辭和兩周金文銘辭，時代是相承的，文字有絕對是相同的，但兩種文獻中，似乎還沒發見完全相同的成語和詞彙，除了文體不同之外，是否還存在著方言和口語的差異？後世文獻中，凡是保存了方言和口語資料的，往往難讀，通讀卜辭，雖然是驗證考釋正確與否的好方法，但也應容許有例外，能通讀十之八九，就絕對可信了，那十之一二，就留存待考吧。

庖丁解牛，目無全牛，但考釋文字，卻不能如此，文字演變，往往有其條理脈絡可尋的，凡考一難識之字，必使與此字同一字族之字，齊來眼底，窮其演變之原委，然後觀其融會貫通之脈絡，那才算盡了考釋文字之能事了。本組諸君子，諒不河漢斯言。

增訂《集釋》的工作，不管由那位同仁來指教，我都竭誠歡迎，筆則筆，削則削，不要心存客氣，只要話說得委婉些，那就承情之至了。

12 史語所甲骨文室主任

前文已經提及，本所甲骨文研究室的成立，是經歷了一番周折的，第一任主任是董彥堂先生，董先生在民國五十二年十一月，因腦中風溘逝，就由張秉權先生繼任；那時本所所長和組主任等行政職務，都沒有任期制，秉權兄這一任作得很久。民國六十七年，我從南人退休返臺時，所長丁邦新兄，有意要我擔任主任，我堅不肯就；邦新兄認爲行政職務，是該有任期制的，張先生任此職已十五年，換個負責人，是合理的；我建議先建立任期制，假如到了張先生到了任滿該退，再要我承乏，我義不容辭。邦新兄果然立即在所務會議提案，所有當時現任主任，已滿三年的，即以所務會定案之日起，爲續任開始之期，續任以三年爲限。這辦法合情合理，所務會議，自然無異議通過。時間過得眞快，秉權兄第二任主任三年之期，瞬又屆滿，邦新兄重申前請，這下子我是逃不掉了，時間大概是民國七十四年，我繼任甲骨文室主任，假如當時本組還有另一位研究員的話，我仍是不想擔任此職的。說來慚愧，我的主任任期，大概未滿三年，我就年滿七十退休，實在毫無建樹，只提了一個增訂《集釋》的工作計畫，這項計畫，就連我的主任職務一併移交了。本節毫無內容，原可不寫，但在回憶錄中，出現一段空白，也不大好，聊復記之，以備一格。

13 東海大學中國語言文學研究所兼任教授

要記這個小節，應該先記和楊承祖先生的一段遇合，楊先生從師範大學中文系畢業後，再考上臺灣大學中文研究所，記得我和他初識，是在臺灣大學交通車上，那時，他可能還是研究所的學生，或是已經是中文系的講師，就記不清楚了；我是掛名的中文系副教授，他客氣的稱呼我老師，而且以後一直這麼稱呼，其實是非常不敢當的。民國五十四年，我去新加坡南洋大學任教，第二年，承祖兄也去了，這是我們訂交之始；那一年，南大中文系新聘了好幾位教員，都是師範大學中文系轉往應聘的，他們是謝雲飛、賴炎元、王忠林、皮述民、胡楚生諸先生，再加上楊先生，南大中文系的原任教員，似乎只剩下鄭衍通、黃勗吾、蔡畏青幾位先生了。從臺灣新聘的這幾位，聘書都是兩年，說明了任滿後，如獲續聘，就是五年，他們是同年到職，但月份卻有前後，就在承祖兄兩年聘期快滿時，南大換了新校長黃麗松先生，黃校長辦事，很有定見，對校務也頗多革新，他覺得前任校長雖有換聘就是五年的宿諾，他卻應再作觀察。因此承祖兄拿到的新聘書，仍是兩年，他認爲很不合理，不肯應聘，上述黃校長的主張，就是我爲了承祖兄的事，去看校長時，他當面告訴我的，我覺得黃的說法，也言之成理，經力爭而不可得，只好將經過情形，轉告承祖兄，承祖兄作事，也是講原則的，他拂袖逕去了。

承祖兄原是在臺大中文系任教的，他離星返臺後，臺大中文系主任屈萬里先生，說臺大已無名額，轉介他去東海大學任教，這和我離星返臺時的遭際，是很近似的；所異者，屈先生因病辭史語所所長，我才能重回史語所，不然這最後十多年的回憶錄，內容會大不相同了。

承祖兄在東海中文系專任五年，才又轉到臺大任教，就憑這五年專任的淵源，後來他才有機會擔任東海大學中文研究所的所長，而我也才有和東海中文研究所結緣的這一段際遇。

就在我繼任史語所甲骨文室主任時，承祖兄已任東海大學中文研究所，他銳意整頓，聘請了李田意、周法高兩位教授去專任。李先生是美國愛荷華大學（學校名稱可能有誤，我無暇查對）退休，周先生是史語所第二組研究員退休，也是中研院資深院士，兩先生都負士林重望，能請到如此成熟的學者，退休之後，再來專任，這原是私立大學最大的優勢；但據我所知，在東海校園內，對此竟有負面的批評，承祖兄的求全之毀，在他自然是可以預見的。

承祖兄經營東海中研所的布局，是有比較長遠的布局的。民國七十四年九月，他又來和我情商，去東海中文所兼一門課，感於他的誠意，而且那時我的視力，不如現在的壞，自己一人去臺中，還沒有很大的困難，就答應了。其時我六十七歲，雖還沒退休，也是皤然一老了。

14 車禍幾死

我自幼多病，及長，健康漸漸進步，到二十六歲，在北大文科所畢業，正式進入史語所服務後，便很少生病了，可是大小災厄，仍然追纏著我。在武昌投考大學時，在去漢口的渡輪上，幾乎掉下長江，幸虧好運動，身手矯健，單手吊在欄杆上，救了一命；大三時，在嘉陵江磐溪瀑布上學游泳，幾乎滅頂，至今不會游泳；民國三十七年，在北平摔了一跤，在有可能摔死的情況，竟然毫髮無傷。這些經過，在回憶錄裡，原都該記上一筆的，爲了節省筆墨，都懶得細寫了。

沒想到垂暮之年，仍然遭遇了一次幾死的大禍。

民國七十六年四月十八日上午六點，從研究院路二段七十號思亮新邨的寓所出來，想穿過研究院路二段的馬路，到對過等公車，踏上斑馬線時，向左看另一巷口的交通號誌是紅燈，這表示行人可以穿越斑馬線，可是我才跨出兩三步，還沒走到窄馬路的中線，左面一輛小貨車，已風馳電掣而來，他根本沒打算剎車，或是剎車失靈，反正是對準我直衝過來，還沒等我有任何反應，我的左肩已被車頭右側的望後鏡刮到，我應聲而倒，頭腦清清楚楚的，軟軟的向右側躺了下去，臀部剛著地，我立刻坐起，也沒感到任何疼痛，這時妻從右後方，哭著跑過來，我平靜的說：「放心，死不了！」小貨車的司機，並沒有逃走，他下了車，立即叫了一輛計程車，兩位司機將我抬上計程車，妻和我趕到距離最近的、三重路一家綜合醫院，包紮止血。醫生告訴我，左脚重傷，醫科的術語叫作「脫手套」，就是從左脚掌的二分之一處，連皮帶肉帶五個脚趾，全部撕掉，我看，乾脆叫「脫襪子」，豈不更切合一些？包紮好後，立即轉到三軍總醫院急救，幾個小時之內，兩次全身麻醉，一次局部麻醉，處理完，天已黑了。據說，光是冲洗左脚的傷口，就花了一萬多加侖的自來水，連同開刀接肩骨，一切全在麻醉之中，毫無知覺，等麻醉藥失效，醫生爲我注射止痛針，和妻說：「這種重傷是非常痛的，李教授很勇敢，可是今晚有他受的了。」說也奇怪，從受傷到今天，已經八年零兩個月，我從來沒感到絲毫疼；可是左脚掌前方一兩寸處，也就是原來長著五個脚趾，現在被切除了的位置，現在是空無所有，卻曾經好幾次隱隱作痛，醫生說，這種現象是有的，但從沒感到眞的因傷所產生的眞實疼痛，卻是難以解釋的怪事。死生禍福，間不容髮，難道冥冥之中，眞有定數？受傷那年，我滿六十九歲，在三軍總醫院住院，也恰好六十九天，這是巧合。

四月受傷，七月出院，在東海請了兩個多月病假，所缺之課，全由法高兄代授，我將鐘點費請他收下，他堅不肯受，我只好買了一雙特大號皮鞋和一條領帶，聊表心意，誰知他眞是大人物，皮鞋仍是太小，領帶呢，他說：「那就笑納了。」

15 史語所退休之日呈交專刊《讀說文記》

我的誕辰是一九一八年（民國七年）三月一日，按前些年的規定，我任公職應到出生月份月底為止，民國七十七年三月三十一日，應屆退休，原本到六十五歲，就該及齡退休的；研究員比照教授，六十五歲後，可以延退，每聘一年，到七十歲，就是大限了。

前面提過，民國四十八年，辭去臺大校長室祕書，回史語所重理舊業，當時原打算作《說文》注，因法高兄的建議，重寫《集釋》，但注《說文》之念，仍時縈腦際。我想，注《說文》全書，學力未逮，而且全書九千多字中，後起的形聲字，多數沒有甚麼好討論的，清儒注此書者多家，於此等字，大抵都只寥寥數語，即以此故。轉念一想，不如從自己比較熟習的文字演變的角度，寫一本《讀說文記》，也許能有點新意。

清儒寫《讀說文記》的，就丁福保《說文詁林》所收，自惠棟以下有四家，大抵各有所偏，這是很自然的事。我之所偏在古文字學，這是時代使然，我所記約一千三百餘，除了極少數純就清儒各種《說文》注作討論外，絕大多數，都以甲骨金文為張本；兩種主要的古文字資料，確切可識之字，大抵也是一千二三百字左右（那些只知字形，而音、義不可確知的，也多半無可討論），這也是前文所說，《說文詁林》中的一千三四百條，我翻讀了三四遍的唯一原因。

我從小不用功，著述甚少，但在退休生效的前一天，居然只交了一本專刊《讀說文記》；而且這本小册子的刊行，也正好是本所出版品資深免審辦法廢止後，恢復審查的第一種專刊。這兩點，是頗具紀念意義的，除此之外，這本書，似乎沒有甚麼值得一提的了。

八　史語所退休後生涯

本章的大標題，只要寫〈退休後生涯〉就可以的，我卻在前面加了「史語所」三字，是有原因的，因爲在這之前，我在南洋大學屆齡（六十足歲）退休過一次，照官方紀錄，從史語所退休，是我一生中第二次退休；照說，第二次退休，也沒甚麼光彩，可以被解釋爲貪祿戀棧，但要不交待清楚，我怕人誤會我之「離開」南大，眞是因爲學校當局對我不滿，就那麼曖昧不明的「離開了」的。

1　內憂外患

我得聲明我用這四個字作標題，是帶點玩笑性質的。前文提到七十四年，被承祖兄拉去東海大學中文研究所，兼了一門課，第二年，又教了一學期又兩個月，因車禍而中輟，再過一年，我滿七十歲，從史語所退休，有了幾文退休金，靠政府的德政，有優利存款，可以不愁衣食，心想，大概可以享幾年清福了；沒想到承祖兄覺得，我還有點廢物利用的價值，向東海大學校長梅可望先生推薦，要聘我去中文所作專任教授；老伴也覺得我身體還算硬朗，完全投閒置散，日子也不好打發，極力贊成我接受這份工作，我用這標題，雖帶點玩笑性質，卻也完全是實情。

在應聘之前，我和承祖兄商量，我學識謭陋，能開之課甚少，勉強不算完全是濫竽充數的，只有文字學這個狹小的範圍，而這門課在中文系是必修，也都有專精的師資，加聘一人，恐有未便；就算換換課程名稱，也沒有甚麼花樣好變，偏偏我又有些不成熟的看法，覺得漢字源遠流長，萬變不離其宗，怎麼講，都是那一個系統，很難分割，這也埋下了三年後，我和承祖兄在開設課程上的歧見，將在下文再作交待。承祖兄認爲我所顧慮的，都沒有不能克服的困難，就這麼說定了。

2　梅校長親送聘書

和承祖兄說好，從史語所退休後，去東海中文所專任，是民國七十七年初的事，當年二月，承祖兄陪著梅可望校長親臨舍下，致送聘書。在從前爲子女禮聘西席，執禮甚恭，都是由家長親自致聘，那是不足爲奇的，因爲所聘西席，只有一人，家長親自跑一趟，也不算甚麼麻煩的事；

現在可不然了，梅校長採此古禮，眞令我惶悚無地，我何德何能，膺此榮寵，我想這也是梅校長千金市骨之意吧。梅先生湖南沅江人，和我同年，晚我一月，相約與他同進退，但我離開東海，仍然比他早了一兩年，那是有愧鄉長了。

我當年二月便開始在東海執教，梅校長爲示禮遇，關照從二月起發全薪。我堅執不收，因爲我在史語所領全薪到三月底止，錢雖不多，操守卻是大節。

3　任東海大學中文研究所所長

七十七年到東海中文所專任之初，中文所的博士班已在密鑼緊鼓的籌備之中，這都是承祖兄經營擘劃的成果；就在那時，承祖兄的職務，有了異動的消息，他的本職是臺大中文系教授，在東海是兼職，當時他已五十有九，再過一年，六十足歲，便可申請退休，退休金稍優於私校，他正爲此籌思，我爲他借箸代籌，覺得以先回臺大辦了退休，到時再轉私校專任，私校有好幾間，以他的高才，還不是爭相羅致。他考慮之下，覺得也有道理，便向梅校長請辭中文所所長兼職，沒想到梅校長卻提出以我應允兼任所長爲條件，這是我始料所未及的；但這觸發了我一點私心，我覺得承祖兄對東海中文所，擘劃經營的苦心，實在令人敬佩，梅校長既然令我承乏，不妨就承擔下來，等來年承祖兄在臺大辦了退休，再作道理，這只是我當時一廂情願的想法，對任何人也沒提及過的。梅校長見我同意接任所長，很是高興，卻得隴望蜀，希望我兼任中文系系主任，七十之年，再任傘兵，那是愚不可及的事，當然是堅決而委婉的拒絕了。

東海中文所的博士班，經承祖兄的策劃，已是水到渠成；我繼任後，蕭規曹隨，很順利的得到教育部的核可，民國七十八年夏，招收第一班新生。當時陳昭容女士已經我推薦，擔任史語所甲骨文室助理研究員，即佔用我退休後的遺缺，我知道她很想報考，我覺得她極富研究潛能，也想讓她試試，卻礙於我現任東海所長，而且她又任我研究助理六年，不便由我勸她去報名，在她呢，又怕萬一考不上，因此誰都沒談這問題。有一天她來我家，老伴兒問起她這事，極力擋掇她去試試，而且說現在重視學位是風尚，要考就應趁早，這麼一來，她纔下了決心。誰知考試揭曉，陳昭容竟以第一名獲選。

這事是有後遺症的，當年東海碩士班畢業的一名女生，成績也很好，考前我還勸她報考博士班，她說今年不想考，承祖兄說：「她的男朋友要去美國唸博士，她打算一同去美國唸。」後來東海博士班發榜後，這位女同學（忘其名）來看承祖兄，吞吞吐吐的說：「有一句話，我不知該不該講？」承祖兄問是何事，她才說：「外間盛傳東海博士班的考試是內定了的。」我聽了自然非常生氣，像這種捕風捉影的說法，是應該負法律責任的，一個有正義感的年輕人，決不應該只敢在背後偷偷摸摸的傳布這些蜚短流長的話；我歡迎她負責檢舉，我作的任何事，我負責到我一瞑不視為止。我曾經和謝美齡（也是那次博士班獲選的）還有其他一兩位同學（忘其名）說：「就算是我內定的，將來你們也可以看到我沒有瞎了眼，關於陳昭容的研究潛能這一點，我至今還是認爲我沒看走眼，這一點需要較長的時間才能證明；至於要檢舉我舞弊，那位同學千萬請早，我已經七十八歲，怕不能久候了。」

4　請辭東海中文研究所所長

東海中研所博士班第一班，唸了快一年，承祖兄從臺大退休，梅校長復聘他爲中研所教授，我年老體衰，不堪繁劇，向梅校長請辭中研所所長，薦承祖兄自代。他輕車熟路，我也得遂初衷，這雖是我的私心，但承祖兄於東海中研所，是大功臣，我這麼作是一本至公的。

這年，承祖兄又力邀龍宇純、汪中兩位教授來所，事先他和我相商，說龍宇純兄表示，他的專長，和法高兄及我極爲重複，似有不便；我向承祖兄表示，龍兄學力精純，是我素所敬佩的，小學範圍甚廣，正可讓學生開擴視野，重複決非壞事，而且他年富力強，正是東海諸生之福，請承祖兄轉告，千萬不要爲此介意。至於汪兄擅長詩詞，這是東海中研所所缺，他們兩位到達後，本所教師陣容，較之各校，眞的不遑多讓了。

5 東海中研所專任教授聘期居滿

民國七十七年四月一日，我應東海中研所專任教授之聘，那是該學年第二學期的第三個月，聘期到七十八年七月底止；當時又新聘了龍宇純兄，他在大學部擔任了一門文字學，這對東海中文系大學的課程，是一項重要的改進；大概就是七十八年，梅校長又力挽承祖兄兼長中文系，承祖兄在接長中文系之先，曾和我相商，我覺得他有熱忱、有抱負，而且年力正富，曾力勸他應聘，沒想到仍犯了空降大忌，這是我對承祖兄的愧疚，但也無法改變了。

就在七十八學年末，承祖兄對東海中文系、所的課程，力求展布，希望我增開甲骨文和金文兩門新課，在他和朋友們的抬愛，以爲我對這兩課不僅勝任愉快，而且可以算東海中文所的強勢課程；沒想到我近二十多年來，對漢字的起源和演變方面的研究，頗下了一番功夫，覺得講文字學，應著重演變的研究，建立起動態文字學的理論，假如加以切割，分段講授，將會顧此失彼。我以「漢字的起源和演變」這個大主題爲主軸，先後撰寫了近二十篇論文，其中大部分，集結爲論叢一種，由聯經出版社發行，近年來在各校開設「中國文字學專題研究」一課，即以拙著《漢字的起源與演變論叢》爲教材，其中每一篇論文，加以敷陳，都可以成爲一門課程；每篇論文，都是分別從甲骨文、金文、小篆、隸書各種主要文字資料中取材，各就不同重點，組合成文，自成一套體系。假如單開甲骨文和金文兩課，就必須將拙著所有體系拆開，重行組織，而且很難安排。例如這兩門課的目的，是教學生認識這兩種古文字，則自有拙編《甲骨文字集釋》和周法高編《金文詁林》兩書在，到了研究所，同學們都有自行閱讀的能力，我不能照本宣科的，按照這兩種書，像教小學生一樣的一個字一個字的唸，這樣將毫無意義；我的理想，是「窮其原委，觀其會通」，這正是拙著《論叢》一書的重點所在。我將這理由向承祖兄說明，至三、至四、至五、至六，他仍堅持他的原意，後來竟直接交待助教吳右湧君，下年爲李先生開甲骨文、金文兩課，我這才發見承祖兄是執意行使他作所長的監督權了，再爭無益，學生們也跟著起鬨，我同意了，自然皆大歡喜，唯獨我是除外的。

我覺得，教授教學和指導論文，假如敷衍不盡責，所長要加以監督，是千該萬該的；至於要開甚麼課，要如何教，教授假如有點專業知識，是應該被尊重的，管得太多，就有損學術自由的精神了。

我覺得該急流勇退了，因此在同意開這兩門課的同時，向承祖兄說，下學年我不教了；其實說這話有點可笑，兩年的聘約，就是當年期滿，下年還沒拿到聘約，想教也不可能啊。

這一年的兩門新課，我是按文字演變的觀點講的，每講一字，凡與它同一字族的字，我都儘可能拉到一起來講；文字的演變，就像生物的繁衍，高曾祖考，子孫雲仍，是有血緣關係的，講的人吃力，學生更吃力，加上我事先沒有充分準備，只憑我平時學習的一點心得來講，眞是吃力不討好，假如讓我先寫一本《漢字演變敘例》做教材，效果會好得多的。學年終了，我問學生聽了一年的觀感，學生們都說獲益匪淺，這是他們厚道，要給我留點老面皮啊！

學年快終了，第二天，要考博士班報考新生的口試了，承祖兄開車到我宿舍，邀我一同去辦公室，下車時，他問我：「老師下年不要教了吧？」我說：「是啊，我去年就和你說了的。」他說：「那麼明天博士班的口試，還是考一考吧？」我自然婉謝了。

我知道那時承祖兄在系方遇到了些困難，想多拉一張支持票，已經用我的名額，聘了一位新人，據我推測是李立信教授，所以他才問我如上的那句話；後來新聘的人，又不來了，承祖兄又三番兩次的要留聘我，完全是有誠意的；可是在我看來，這雖非嗟來食，也是回頭草，垂暮之年，犯不上了。

6 臺灣大學中文研究所兼任教授

前文寫到東海大學中文研究所專任聘約期滿退職，時間是民國八十年六月，我一生專任的公職，從此畫下句點，年齡也到了七十三足歲又三個月了，這對我來說，是一段值得紀念的歲月，回憶錄寫到這裡，也接近尾聲了。回想過去種種，對國家社會，談不上甚麼貢獻，但也幸無大過；一生直道而行，得罪了不少人，有長官，有朋友，但自問絕無一念之私。這本回憶錄中，又批評了不少人，其實也就是由於直道而行所開罪的那些長官朋友們；當然有些可能由於誤解，但我保證決非存心誣衊，血口噴人，皎皎此心，可質天日，如有半句虛言，我願意眞有拔舌地獄的存在。

離開東海後的一年，是我這一生中眞眞賦閒的一年。不再從事研究，我一點也不覺可惜，因爲我研究的文字學，是一門可有可無的學問，而且我對之也沒有甚麼興趣，雖也寫了幾本書和幾篇文章，那只是拿了國家的薪俸，不得不爾的塞責之作；我從小愛讀小說，因之也愛讀歷史，退休之後，沒有目的的閱讀，那才眞是享受，可是近一兩年，視力急遽惡化，讀史之樂，都不可得了。

民國八十一年，臺大中文系主任齊益壽兄，來找我爲中研所開一門文字學專題，這門課，對中研所學生說，的確是很重要的，要讀古代文獻，這是重要的津逮；可是我發見近來中文系同學，極少對這門課感覺興趣的，益壽兄也見到這一點，才來和我商量。我對這門課，雖沒太大興趣，但也致力了二三十年，自信頗有所得，就同意了。但視力太差，不能外出獨自行動，益壽兄特別體卹我，讓學生移樽就教，學生原就興趣闕闕，臺北交通又異常困難，肯選修的自然極少，第一年有三人，第二年只剩一人，第三年系主任換了周學武兄，聘書照發，學生只剩二人。月前，和學武兄談起，我體力就衰，下年不想教了，他似乎感到爲難，度其意是顧忌會有人批評，爲甚麼停開此課，其實是我主動提出的；最後商定，假如眞有學生有興趣，自動要選，我當然樂意幫幫年輕人的忙，但千萬不要爲了想開此課，而去拉學生，那就沒意思了。

7　不合格的史語所學術諮詢委員

大概是三四年前，高去尋先生還健在時，聽他和旁人談起，曾向當時任院長的吳大猷先生推薦我爲史語所學術諮詢委員，吳答以李先生不是院士不合格，我當時聽了也沒在意。半年多前，（大約是民國八十三年年底，或是八十四年元月。）在院內四分溪旁馬路上，遇到副院長張光直先生，他說：「過些時要麻煩你來開次會。」我問是甚麼會？討論甚麼議程？張先生沒有直接了當的說明，多講了幾句後，我猜到是史語所學術諮詢委員會，我立即說明，前幾年高去尋先生曾向吳前院長推薦我擔任此職，吳認爲我不是院士，不合格，拒絕了，現在舊事重提，不要因此引起一些蜚短流長的議論，很沒意思；張先生沒接我的話岔兒，也沒提諮詢委員會的事，忽然說了一句：「論文字學，有誰比你強？」他這話顯然有點不搭調，我說吳先生以我不是院士不合格，這與我文字學的好壞是兩碼子事，我想他不便批評吳先生的說法，故意將話岔開了，也就沒再多談。過了兩天，接到開會通知，張先生是召集人，屆時前往開會，有石璋如、嚴耕望、丁邦新、李亦園諸先生，全是院士，也全是史語所學術諮詢委員會的委員，果然是我猜對了，在那種情形下，我自然不便再談我的資格問題，糊裡糊塗的開了會，事後還賺了兩千元的車馬費呢。

在寫這一節前，我仍然不放心我是否合格，特別找來一份〈中央研究院設置學術諮詢委員會辦法〉，仔細看過一遍，全文九條，從頭到尾，沒提到「院士」兩字，我看到的這份辦法，是民國七十四年第十二屆評議會第四次會議修正版，吳大猷先生當年對高去尋先生所說云云，不知是根據更新的修正版呢，還是吳先生以院長的身份所作的新規定？好在我在本節的標題上加了「不合格的」四字，而且也已向召集人副院長張光直先生當面陳明，大概不會有人說我招搖撞騙吧！

8 李遠哲先生答客問

好幾個月前，（可能是民國八十三年年底）看到某報（我家訂的是《聯合報》，當然偶爾也會看別的報紙）披載李遠哲院長的一段談話，記不得是在立法院的答詢，還是新聞記者的訪問，大意是問中華民國學術界，有那一種最有得諾貝爾獎的資格？那一陣子「頂夸克」的新聞是熱門話題，李先生答以「甲骨文」，新聞的記載，遠較詳細，我這是根據記憶節述。

第二天，史語所文字學組（前甲骨文研究室）這個冷衙門，居然有記者上門了，是一家雜誌的記者，由鍾柏生主任和部分同仁接待，我因爲已退休，並非每天到辦公室，沒見到。翌日，記者先生又屈駕找我訪談，再三追問甲骨學界的門派問題，我告以學術界雖難免有門戶之見，但我眞的沒有界域的觀念；他沒問諾貝爾獎的問題，不然的話，我就大費一番脣舌了。

據我的了解，李遠哲先生的答覆，完全是他個人的邏輯觀念，他說此話時，決非心目中在臺灣研究甲骨文的某甲、某乙，已有這個水準，而是說甲骨文的研究，有極強的本土性，外國的漢學家，比較難以上手。因爲文字學是一門比較獨特的學問，外國有語源學，沒有文字學，甲骨文在中國的漢字裡，又自有其畛域，前文在〈楊聯陞先生談哈佛大學的中國文字學教學問題〉那節裡，我已略有論及；因之在中國的學術界中，研究這一門學問而能登峰造極，那在世界學術界這一門的領域裡，自然也該是第一流的了。他這樣答覆，是從邏輯觀念加以申述，是很得體的，他只是虛擬，而非實指。這令我想起另一段報章上所載某一位學術界大老的談話，大意說，臺灣學術界頗膚淺，人文學科尤其膚淺，我相信這是記者先生的誤解，學術界的重要人物決不致對臺灣的人文學界，作此全稱否定的貶抑的。

後來那位雜誌社記者寄來了他們訪問史語所文字學組的紀錄，後面附了一份臺灣甲骨學師承記（這是我代作的標題，原文不是如此），將在臺灣從事甲骨文研究的人，分爲兩大門派，分別以董作賓先生和魯實先先生爲宗師；我鄭重聲明，這決非我提供的資訊，不然，我一定大大的自我吹噓吹噓，拜託記者先生多多美言，好去競選諾貝爾獎，縱然不能獲選，至少也可以稍稍湔雪膚淺之恥吧！

9　史語所分所的傳聞

我寫下這個小節的題目，卻不是眞的要談這個問題，只是想藉題發揮，以此爲楔子，引出一個大問題，讀者諸君，說我危言聳聽也好，說我譁衆取寵也好，我都不介意，我覺得書生報國，對一個手無縛雞之力的老匹夫而言，只有這樣，才是我力所能及的最好方法。

閒言表過，還是得從實際問題談起，才能逐漸進入主題的討論。

遠從十多年前，吳大猷先生接長研究院開始，全院各所科際整合的準備工作，就很認眞的討論了一陣子，這也是吳先生書生報國的最佳途徑；後來不知爲了甚麼，這問題漸漸少人討論，至少不似開始那麼熱門、那麼積極了，據我冷眼觀察，這大概是經費和人事的山頭主義，成了最大的阻礙。一晃十一二年過去，吳先生功雖未成而身已退，李遠哲先生，以五十過一點的英年，和諾貝爾獎的聲勢，和本土青年才俊的優越背景，繼長中研院。李先生企圖心很強，他是學數理的傑出學人，又極力延攬本土的一個身負國際盛譽的人文學界傑出學者、考古學家、哈佛大學教授張光直先生；張先生罔顧自身健康上的問題，出任中研院副院長，負責人文組各所的科技組合和重組，這一十多年前的老問題，又再度引起熱烈討論。張先生又劍及履及的積極擘劃，一連幾個月，力疾從公，召開並主持了若干次重要會議，這種置個人健康於度外，積極爲國奉獻的忘我精神，實在令人衷心感佩。張先生的全盤規畫，我不了解，我的才識庸愚，也沒有敘參末議，但對史語所分所的規畫，同仁們多次和張先生接觸，我也耳聞較多，大致的初步規畫：歷史所，包含原來的歷史組和人類學（或者民族學，也就是原來的四組）；語言學所，原來第二組擴充獨立；考古學所，原來的考古學組，擴充獨立。以上的規畫，只要有經費有編制，都能順理成章的解決，剩下一個文字學組，成了問題，論學術領域的廣泛和研究資源的豐富，單獨成爲一個所，不管理論和實際，原都不應有問題；但最終成爲實際阻礙的，應是實際問題，這主要來自政府（當然包括研究院的高層主事者）注意力的偏頗，國際學術界對本組主要學術領域的不了解，從事這方面研究人員的數量與品質不夠強（這不是本組人員素質低落，而是國際學術界由於先天的隔膜而產生的對中國文字學的不了解與漠視），這因素，不管是否合理，但實事上確是存在，一時難以克服。基於此，要單獨成立一個文字學研究所，似乎不必談了，至少在可預見的短時間裡，會是如此。剩下的就是文字學組在建制上的歸屬問題了，聽說歷史組表示無興趣，語言組亦然。在純學理的表面上，語言、文字，是天生的一對，但這是表面的現象，事實上卻大有距離，本所自民國十七年創建以來，語言組和從事甲骨、金文研究的同仁，在工作的進行和實際成果上，從沒有過眞正的交集點。我不懂語言學，沒能力深入檢討這個問題，就我膚淺的常識觀察，這也許正是語源學和文字學，永遠沒有眞正的交集點，是一個道理。從初步交換意見的結果，文字學組似乎成了無父無母照顧的孤兒；張光直先生從實際的觀點，建議將文字學組劃歸考古所，這又回到了六七十年前的原點。我認爲這也原無不可，文字學組的同仁，自顧自作文字學的研究工作，並不妨害學術的發展；至於科際如何整合，如何溝通，怎麼分所，實際的問題，都是一樣的。本組的諸同仁，千萬不要誤會，而認爲你自己退休了，盡說這些無關痛癢的風涼話，簡直數典忘祖，諸位假如眞如此苛責，我也不想辯解，現在我打算進入正題了。

談科際整合，談分所，說得好聽一點，是謀求學術發展；說得難聽一點，是本身的山頭主義，是本身的功名利祿。諸位老、中、青同仁，請恕我如此坦白無諱的直言，其實就學術言，組主任也好，所長也好，院長也好，再提到政治面，總統也好，這些職位，都是過眼雲烟；而且榮辱止乎一身，親如父子、兄弟、夫婦，都不能私相授受，都是鼠牙雀角的小事，値不得一爭。我現在要提的，是一個關係十幾億人口、子孫千萬年的大事業，卻是一個人人不想爭、不敢碰，絕大多數人都不懂得該去碰的大問題，這問題是甚麼？就是漢字的整理。

這問題，自有漢字以來，就一直存在，幾千年的漢字發展史上，每逢經歷一段時間的發展，文字必然產生若干紛歧；一有紛歧，就得經一番整理，潛移默化的約定俗成和政府當道大張旗鼓的整理改進，不知經歷了多少次。以近幾十年兩岸分治，對文字的紛歧，產生了極大的差異。就中華文化幾千年來的發展，各種民族的大融合，在這個大前題下，兩岸必然統一，將來不管那黨執政，誰當總統，也不管他或他們願不願正視，卻必須面對這個問題，那就是漢字的整合；而這項工作是急不來的，必須萬衆一心，衆志成城，未雨綢繆，事到臨頭，才不致手忙脚亂。

總統先生高瞻遠矚，近來大倡經營大臺灣，建立新中原，恕我冒昧說一句，不管我們用政治、用軍事、用經貿，任何手段，來和大陸政權競爭，臺灣永遠只能是一個「小邊陲」，唯有從文化建設著手，臺灣才會有成爲「大臺灣，新中原」的一日，孟子所說：「得民而王」，那是天下莫之能禦的偉業，漢字整理得合理，便利了，更是影響十幾億人口、子孫萬代的豐功。我之所論，自知疏闊，但八十之年，只欠一死，我無所爭，這也是書生報國的最佳途徑，文字學組的同仁們，我沒有數典忘祖吧？（民國八十四年七月十一日清晨四點，輾轉不寐，起而草此，心頭上覺得輕鬆不少，希望能睡個回頭覺。）

10 評審龍宇純先生《集刊》投稿事件

前文提到高去尋先生讓我看周法高先生一篇《集刊》投稿，我楞頭楞腦的請周先生稍加潤色，沒想到引起軒然巨波，而有資深研究人員投稿免審的決定，而有從拙著《讀說文記》重新恢復審查的改變。前事不忘，後事之師，因之，數年前《集刊》編輯會祕書柳立言先生，交給我龍宇純先生一篇大作，要我審查，我辭以閱讀困難，這是實情，並非藉口；隔了兩天，柳先生又將原稿用電腦打字，放大後再拿給我。龍先生學問好，用力勤，是我一向敬佩的，但就因爲學問好，所以一向自負，很難接受不同的意見，這也是我所深知的，我不敢看，除了閱讀吃力外，也有怕惹麻煩的成分在；但柳先生一再堅請，感其意誠，而且龍先生的學力和寫作技巧，都是第一流的，我也不一定會有不同的看法，因此就答應了。

龍先生大作的題目是〈說簠𠤳匽及其相關問題〉，已刊《集刊》六十四本第四分，民國八十二年十二月出版。簠、𣪘二字，自許鄭以來，是經學家聚訟多年的問題，龍先生此文，對簠、𣪘二器，並沒有太多的討論，而是先有一個重要理論，那便是說形聲字的聲符，和本字，必需聲、韻皆同，易言之，假如只具備一個條件，則其字不能相通。（我這是憑記憶節述，與龍先生原文之意，或有不符之處，當以刊布之文為本。）因之歷來金文學者認為同是一字之𠤳、、匽、諸字，不可能是一字；我對此說，不敢苟同，便寫了一份簡單意見書，聲明只供編輯會參考，不算正式審查意見，我這麼作，主要是避免引起不愉快，這意思也當面和柳立言先生說明了。第二天，柳先生拿了兩千元審查費給我，我再三拒收，柳先生卻堅持要給，我繼而一想，一定堅拒，編輯會諸公會說我不敢負責，因之，對柳先生說明，既然收了審查費，那就算我的正式審查意見，請拿回稍加補充，然後請編輯會按規定程序處理。事情到此，原可暫時告一段落，等編輯會進一步的處理結果；可是過沒幾天，聽說該文業經編輯會通過，已經付排了。我是作了好幾年常務編輯的，有明文規定的審查辦法，這是行之幾十年，一再修訂而成的。該辦法的規定，如第一位審查人，有不同的意見，應送請原作者答覆，經雙方溝通，達成相近意見，即行通過；不然應另請第二審查人，如第二審查人，仍不贊成原作，則予退稿；如第二審查人認為可用，則仍須請第三審查人，作最後決定，這是明文規定的，本案顯然未照此種規定處理，而是編輯會，逕行裁定的。一天我在路上遇到時任所長的管東貴先生，告以此事，管先生說：「編輯會既已決定，便不能改變，自然不便另行請人審查了，至多只能將李先生的審查意見和原作者的答辯意見，以跋尾的形式，刊在該文之後。」我說：「這也是有前例的，我同意如此處理。」後來這意見，也不知被誰否決了。龍先生寫了八九千字的答辯文，顯然不同意鄙見，學術上的主張，見仁見智，原不足為奇，我也決無翻案之意；而且，事已至此，該文的見解，和鄙見的是非，反倒是次要的問題了。

《集刊》在學術界，有極好的聲譽，這都是數十年來，全體同仁共同努力的成果；審查辦法，也是行之數十年的，法良意美的典章制度，作常務編輯的人，怎能棄之如敝屣，擅專弄權，予奪由心；管所長卻說，編輯會的決定，不能改變，也不管這決定是否合於程序，所長而有斯言，是難以令人心悅誠服的。

我審查龍先生文稿的事件，到此為止，後來聽說有好些位同仁，連署了一份抗議編輯會的文件，提到所務會議，鬧得不可開交，可見是非自有公論的。

走筆至此，回想幾年前，周法高先生向《集刊》投稿，我竟無知到建議他略作潤色，那種幼稚天眞的行為，眞眞愚不可及，周先生因之強烈反彈，是千該萬該的，有許多事，難道應該向一味唾棄傳統的年輕人學習，眞值得我深深反省。

九　雜事雜感補遺之屬

1　守望相助

民間辦團練，起於何時，正史和私人著述中，是可以考見的，遜清末造的湘軍和淮軍，都是從團練發展起來的，事蹟更斑斑可考。

先君年方二十，已是地方團練的領導人物，我年幼時，在家裡就見過有七八枝鏽蝕斑爛的步鎗，但大多數的武器，仍是棍棒刀矛之類，對維持地方治安，是很有貢獻的。

我家是地主，在常德鄉下，是數得上的富戶，要不是有團練，像我們家是很難在鄉間存身的。饒是如此，在先父過世不久，我三歲多一點的時候，仍被土匪綁架過一次。據說匪首是個裁縫師，姓態，在我們家做活時，曾指著我對旁人說：「這伢兒是金娃娃。」聽的人也沒在意，沒過多久，我們家就被打劫了。

人的記憶力很奇怪，到了我這年紀，近事往往糊塗，可是年幼時的事，卻仍歷歷在目，大概旁人的敘述，也幫助了我的記憶。那大概是月黑風高的半夜，聽到外面狗叫得兇，不久就聽到人聲嘈雜，睡在樓上的下人，看到一長列的火把，知道大事不好，趕緊鳴鑼示警，但轉眼間，匪徒已翻牆而入，直奔母親的臥室，掀開帳子，伸手抓我，母親將我緊緊抱著不放，被匪徒在肩上敲了一棒，很容易將我搶走，立刻呼嘯而去，因為鳴鑼已久，不敢逗留，反正金娃娃已經到手，就顧不得再搶別的東西了，聽說匪徒有三十多人，一出我家，便分三路逃竄，這時鄉里的團勇，也已聚集了若干人，分途追趕。

單說擄了我的這一股，也不知十個八個，將我裝在一個叉口袋裡——蔴布口袋，在口上兩邊，向袋底開了高衩，物件背在背上，兩衩可以從肩上向前，再纏在腰際，背了我，向常德縣城的方向奔逃。當時，我雖還不到四足歲，可也知道事情不尋常，大概是嚇呆了，也不大哭鬧，背著我的匪徒，哄著我說：「你媽在前面，我們這就趕上去。」耳邊又聽到女人的聲音：「別怕，我跟著你的。」前邊〈我的父親〉那節裡，已經記述過，我是個很會幻想的孩子，當時就想，這是曾祖母在跟我說話，天知道，那群匪徒裡，眞有女人也說不定呢。

這時，又聽到前面人聲嘈雜，也有鳴鑼的聲音，匪徒中有人說，前面有人堵著了大路了，背著我的那個，將我放下，天已經有點矇矇亮了。一時人聲漸遠，我聽到有狗銜著我吠叫，抬眼一看，我是在兩座墳堆中間，前面不遠，有兩隻狗，正叫得起勁，我從小怕狗，至今猶然，當時嚇得哭了起來；沒多久，就聽到有三五個人說話的聲音：「在這裡了，在這裡了。」

後來聽人說起，才知道，當地叫大洋湖，是山脚下的一個大的沼澤地，被誇大成了大洋湖了，是從我家進城，官道必經的一個三二十戶人家的小村莊，隔我家已三十多里，村上住的，大半姓羅，是我父親第一次續弦的羅氏母親娘家所在地。這時，當地鄉勇，已經知道花巖溪李陸琦，被「捉肥豬」了，這是鄉下人對綁票的一種習慣用語，我不大愛聽，還是用「綁票」這字眼，比較文雅一點。

他們知道孩子找到了，大喜過望；這股土匪，無路可逃，跳進大洋湖，悉數被捕了。送我回家的，還沒到中午，已經到了我家，奶奶正在佛堂裡，忙著拜菩薩呢。人家都說，眞是善有善報，其實這才眞是守望相助啊！

我們家被搶，雖沒大損失，可是酬謝地方上的一應開支，也不是小數目。所幸當時的土匪也厚道些，沒有撕票；至於他們自己呢，眞可憐，送到常德縣衙門，當時的百里侯，可威風呢，槍斃了七個，熊裁縫也在內。

2 私家發行紙幣

我記上這一節，是想為研究近代貨幣史的人，提供一點小資料，可能我是小題大作了，要不是民初鼎革之際，政府原就許可這麼作，我們家也不可能發行紙幣的。

我家是大地主，祖上好幾代，對地方上的公益慈善事業，很盡心盡力，口碑不錯，我想這都是能發行貨幣的基本條件；發行總額多少，甚麼時候開始，甚麼時候兌現、作廢，我全不清楚。

我五六歲的時候，是民國十二三年了，在賬房裡，看見一包包的有顏色印刷的小紙片，面積約莫兩三平方寸或者稍大一點，上面印著隴西堂堂號，當銅元若干等字樣，其他都記不得了。我幼年時，主要的貴重貨幣是銀元，七錢二分銀子，鑄著袁世凱像，都叫它袁大頭，我記得的是民國三年鑄的居多，也有龍銀，是清廷鑄造，後來才有鑄孫中山先生像的小頭，直到民國二十四、還是二十五年發行的紙幣，稱為法幣的，漸漸有五元面額的，就很驚人了。當時物價低，銀元身價不凡，我記得我的啓蒙恩師，在民國十四五年間，年薪才八十大元，我額外孝敬他老人家的，每年也三四十元不等，不久年薪節節增加，到民國二十四年，我高中畢業為止，好像是兩百元了。

市面上日常流通的貨幣是銅元，最多的是當二十文制錢的，叫大㲉子，當十文的叫小㲉子，很奇怪，大小兩種銅板，似乎是等值的；還有四川鑄造的，當五十文的，好像比大小殼子都值錢一點。我家的紙幣，是當大殼子二十枚、五十枚居多，很可惜，當時雖已兌現作廢，卻不懂得留點作紀念，連老伴兒都是昨天（民國八十四年七月十四日）才知道，我也是昨天爲了寫回憶錄，才想起此事的。

3 楊遇夫先生獎掖後輩之盛德

長沙楊遇夫先生，諱樹達，號積微，生於一八八五年，早歲即以小學、古代語法、金石甲骨之學，蜚聲國內學術界。民國十幾年間，執教清華大學研究院，和梁任公、王靜安諸碩儒共事，而年輩稍晚。我在大學三年級時，冒昧致函，敬道仰慕之忱，原只是後生小子對鄉前輩的敬意，沒想到竟蒙親筆賜覆，獎掖備至，後來又一連通了幾次信，才因國事日非，流離轉徙，中斷了執經問業的機會。民國八十年，我在東海大學中研所執教的最後一年，一天在去教室上課時，接到一封從大陸武昌寄來的信，自稱姓楊名遇林（「遇」字可能記錯了），是遇夫先生文孫，也和我早年對其令先祖仰慕的情形相仿，信中說他讀遇夫先生日記（沒說明年月）記有某年從長沙，去湖南大學執教時，曾繞道常德前鄉花巖溪舍間，而我已去四川，未能謀面，殊悵恨云云。我讀此信時，眞的是熱淚承睫。湖南大學當時設湘西辰谿縣，正常的途程，應從長沙乘長常公路汽車，再轉湘黔公路，可以稍減跋涉之勞，而舍間在常德縣城之南百里，無公路可通，須從長沙僱轎子，走山路向西，雖距離較近，但旅途辛苦，遠過於乘坐汽車。算時間，應是民國二十九年，我赴重慶準備投考北大文科研究所之時，遇夫先生已經五十五歲高齡，竟不辭數百里山路奔波，紆尊降貴，去訪問一位後生小子，這種獎掖後進的風範，求之當世，怕難有第二人。先母當年，必能接待盡禮，可是她老人家對學界情形，一無所知，當然不知道來客竟是一位使蓬華生輝的大人物，所以先母後來一直沒向我提及。這種盛德，令我既感且慚，惶悚無地。當時即將遇林君此信，遍示諸生，本意是讓年輕人，得沐前賢盛德，知所效法，也許有學生會竊笑我標舉名賢，妄圖附驥，也就顧不得了。

4 臺灣的選舉文化和選舉新貴

我不懂政治，對臺灣的實際政治，又極度憎厭，原沒有興趣和知識寫這個小節，但平時所見所聞的，積了一肚皮怨氣，眞想找個機會，一吐爲快。

選舉是民主政治必要的手段，但世間萬惡之事，常假民主之名以行之，這是無可奈何之尤，臺灣的選舉文化，正是這個說法的最佳注脚。

臺灣的最高當軸，承威權政治之餘蔭，因緣時會，得掌大位，也想來個東施效顰，他知道威權政治，得靠槍桿子和強大的班底，他二者皆無，只得用急就章來應急。他沒槍桿子，便拉攏軍系大老，來鞏固從天上掉下來的權位；又怕他功高震主，等自己稍稍站穩之後，便一脚將大老踢開；又利用矛盾，製造矛盾，拉攏軍系二三號人物，再拔擢大批將校，槍桿子的班子，表面上暫時形成，至少一時之間不會禍生肘腋了。另一方面，只有黨方幾個趨附的班底，不足成事，於是大玩黑金政治，縱容賄選，製造大批選舉新貴，擴大擁護他的既得利益集團，表面上班底也大增了。這兩個急就章，玩得似乎很高明，但以利合者不能久，悖而入者亦悖而出，這是不易之理；於是，黑的方面，不失英雄本色，開始殺人了；金的方面，爲了鞏固既得利益，開始不聽話了。他知道不能放任過度，開始要辦人了，又怕因此得罪多數選舉新貴，使得人人自危，於是檢察官的羈押權，又要被剝奪了，交到檢察長一人手裡，便容易掌握得多了；這種亂象，愈演愈烈，循此軌跡，發展下去，另一個急就章的效果，一旦動搖，其後果之不堪設想，不待龜著。現在又快要直選總統了，反對黨將了一軍，要求電視辯論，這下子攻中了要害，他如何能從，反正辦法是執政黨訂的，來個表決就搪塞過去了，笑罵由他笑罵，好官我自爲之。但我想問，辯論也許躲得過，國家大計總不能不談吧，如何談？統嗎？獨反對；獨嗎？就算成了，有獨的老大老二在，也輪不到他，何況中共明言，獨就動武，中共之不擇手段，不遜於我，中共所要抓牢的既得利益，又遠過於他，動起武來，幻想靠列強爲臺灣拚命，那是癡人說夢。遊走於統獨之間吧，逐二兔者不得一，我看這國家大計也很難談。退一萬步說，就算平平安安的達到了目的，三年五年，也只是曇花一現，又不能傳之子孫，何苦為一己權位之私，忍令生民塗炭？親愛的最高當局，流芳百世，遺臭萬年，聖賢魔鬼，都只在一念之間，您的智慧，該知道有所抉擇了。

八十之年，只欠一死，甘冒斧鉞之誅，也要掬誠以告。

5 老妻的平劇才藝

前文〈我的婚姻〉那節，已經提到過老妻王彝女士，她可說多才多藝的，這個小節，專寫她在平劇方面的才藝。

老妻民國十三年陰曆四月初七日，出生於遼寧瀋陽。民國二十年七歲，那年發生九一八事變，岳父一家移居北平，她就在那兒受教育，直到民國三十六年，畢業於北京師範大學生物系後，才離開北平。

她幼年時，偶爾跟著父親看看平劇，耳濡目染，這對她後來於此道發生興趣，自然有點關係；但她真真用功聽錄音帶自修京戲，是到新加坡後，一九七四年她五十歲那年，才開始的，這就更難能可貴了。

提起我們全家到新加坡，我得多寫幾句。她從大學畢業後，一直在幾間學校，教她所學本行的動植物，後來合稱生物；任職最久的，是臺北女子師範學校，就是在公園路現已改制為臺北市立師範學院那間。她學得紮實，教得認眞，很受學生歡迎，直到一九六七年去新加坡時，她任教已超過十九年，再過五年多，就可申請退休了。

我去南大，原只向原服務的臺灣大學，請假兩年，南大校長黃應榮先生，堅邀留任，並答應爲老妻在新加坡找一份教書的工作，後來我們全家到了新加坡，黃校長也許事情太忙，也許沒有適當的機會，沒再提過此事，我們也自然不便再問。這是老妻爲了照顧孩子們的學業和我的生活，對這個家所作最大的奉獻和犧牲；和她同時在女師任教的同事，後來都已升爲教授，拿了四百萬左右的退休金，以老妻教學的成績，假如不是中途離開，十之八九，應該也能拿到同樣的報酬的，我應該對她表達深深的謝意。

不過，凡事得失，往往相將，她四十三歲到新加坡，幾年之後，孩子們都長大了，先後赴美加求學，不再需要像以前那麼多的時間，去照顧他們，她閒居無聊，偶然參加了新加坡當地一家平劇票房「平社」，引起了她對平劇的濃厚興趣。

她對此道，眞可說無師自通的，這是說，她沒有正式經老師說戲指點，完全是自己聽錄音帶自修而成；並不是說在票房裡，沒有得到同好的切磋之益。

她學每一齣戲，都是跟著錄音帶，將譜子用簡譜寫出，再聽著錄音帶一句一句的練習，每當此時，她眞的視而不見，除了錄音帶，也眞的聽而不聞。我學任何東西，從來沒像她這麼專注過，我相信她對學戲所下的苦功，一定遠比在大學唸書要多，因此在幾年間，學會了梅派、程派、張派，共二十餘齣戲。她第一次彩排，是隨「平社」到臺北登臺，唱的是「秦香蓮」，我沒同行。她在新加坡彩排過七次，我聽了兩次，一次是「探母」，她出蕭太后，我也跟著有點緊張，抬頭一看，只見上場門，走出一個豔光四射，並不很老的老太后，兩手各牽手巾一角，緩步走到臺前，一路上，手巾作微微的垂直的波紋抖動，我納悶，劇中人蕭太后，身份很高，她怕誰呀？另一次是梅派「玉堂春」帶「起解」，我坐在臺前第一排，她就跪在我面前唱了一大段，我很過癮，我並非知音的顧曲周郎，而是蘇三姑娘，規規矩矩的，向我下跪了那麼久。

在臺北彩排多少次，我不大記得了，我聽過的兩次，都跟史語所和中研院有關，一次是民國六十七年，我退休回臺不久，中研院成立的六十大慶，好像是在國軍文藝中心，演「硃痕記」，作媳婦的孝行，很感動人，她唱初學的程派，我只覺得宛轉動聽，也不知好在那裡，落幕後，錢思亮院長，親到後臺致賀，和我說：「你夫人唱得眞好！」我想，院長說的，準錯不了。這三派的戲，她都彩排過，聽說有兩位專業的琴師，對老妻都有溢美之辭，這就不容易了。

據我所知，將她會唱的戲碼，寫下來，以爲紀念。梅派：「四郎探母」，「宇宙峰」，「女起解」，「玉堂春」，「法門寺」，「武家坡」，「生死恨」，「鳳還巢」，「三進宮」。程派：「鎖麟囊」，「梅妃」，「賀后罵店」，「硃痕記」。張派：「秦香蓮」，「法門寺」，「楚宮恨」，「孔雀東南飛」，「審頭刺湯」，「望江亭」等。

她去很多問票房唱過，去得多了，琴師都說，拉她唱的很過癮，這當然是客氣的溢美之辭，但也有幾分是實情，比起初學乍練的票友來，她究竟是下過苦功的。只可惜有多年沒吊過嗓子，現在連偶爾哼哼，都很少了。

6　山居多虎

常德縣沅江北岸瀕臨洞庭湖地區，稱後河，多沼澤丘陵；沅江南岸，稱前河，越往南，越多崇山峻嶺，高兩三百公尺，連綿不絕。花巖溪距沅江南岸，已有百里左右，開門見山，溪谷縱橫。六七十年前，鄉下每多虎患，家畜常被叼走，人們獨行，都拿著火把，唱著山歌，照明還是次要，都是爲了防虎；虎還是怕人的，看見火光，聽到歌聲，牠就遠遠走避了，傷人之事，仍是稀有。我一位本家叔叔，一次在我們家，留他晚飯，喝了點村釀，有些微醺了，告辭回家，他家就在一里之外，天也沒全黑，他吸著旱烟，蹣跚著往前走，驀地看見一個黑影，跳下溪中，他迷迷糊糊地，以爲有人藏著想嚇他，就用旱烟桿，在溪畔石頭上敲了敲，還說：「開甚麼玩笑！」話還沒說完，那黑影一躍而上，將他撲倒在地，赫然是隻斑爛大蟲，在他肩上輕輕咬了一下，掉頭跑了，他肩胛上雖被咬了兩個透明窟窿，卻僥倖留下一條性命。

另一次，我們家剛吃過晚飯，是夏天，我和三姊梅青，在天井裡納涼，我大概四歲左右，她大我十五個月。忽聞一陣鑼聲，接著人聲嘈雜，有人高聲叫著：「下邊游家的豬被叼走了。」大家拿了武器，共同去追老虎，我和三姊也起勁了，我們討論，一會兒打到老虎，她要虎皮，我要爪牙，沒過一頓飯功夫，鳴金收兵了，老虎毛也沒撈到一根，倒是抬回了一隻半死的肥豬。

近幾十年，人對自然生態的破壞，到了令人心驚的程度，加上臭氧層被破壞，氣溫增高，兩極冰帽融化，海面升高，陸地上又濫墾濫伐，大陸近年的北旱南澇，也都是這種效應；至於野生動物的生態，自然受到影響，曾幾何時，老虎成了保育動物了。

其實人類遠比老虎可怕，我想，到人類也成了保育動物時，也許會比現在可愛一些吧？

7〈橫眉〉

老來經常失眠，長夜不寐，偶憶廿餘年前南洋大學舊事，感而有作，有序：「廿餘年前，主新加坡南洋大學中國語言文學系講席，例當爲學生會顧問，學生開會必列席。當時系中學生多左傾，會場正中，高懸魯迅遺像，以其詩：『橫眉冷對千夫指，俯首甘爲孺子牛』爲聯，予坐其下，如芒刺在背，及今思之，猶覺咄咄逼人。」詩曰：「橫眉冷對老夫背，俯首甘吃老夫屁，惜君不生今之世，倘讀我詩當破涕，吁嗟乎！當破涕，莽莽神州盡赤地，燕然未勒歸無計（用范仲淹句），吁嗟乎！歸無計，憂愁幽思情難計，率成此章神來筆！」六十餘年不彈此調，偶一效顰，竟至如此不堪承教！老伴說：「你這狗屁詩，難登大雅之堂。她說得沒錯，凡事勉強不得，不會作詩，就該老實一點；不過這原是遊戲文字，嘻笑怒罵，有感而發，本來就沒打算要登甚麼堂，入甚麼室的。姑錄存之，以博讀者一粲，順氣化痰，也是美事一樁，非自詡能詩也。

十 附錄

讀王叔岷先生《慕廬憶往》

照常理，附錄原該等到最後纔寫的，現在，《逝者如斯》的正文，一個字都還沒寫，卻先寫起附錄來，未免本末倒置；這也有個道理，在序言裡已經提過，我乏善足陳，原不想寫回憶錄，是老友的這本回憶錄（以下簡稱「王書」），引起了我效顰的動機。我鄙陋無文，原不敢寫回憶錄，也是王書，給了我效顰的勇氣。還有一點更重要的理由，老友和我，都是八十上下的人了，而且身體都不很好，既然要寫，就得趁早，萬一一旦不測，我不能寫了，或是他不能讀了，在我都會很感遺憾。正文中也有許多和老友相關的事，寫起來比較囉嗦，大半會在〈就業〉章、〈新加坡南洋大學十三年〉那節裡出現，其實也都和這篇〈附錄〉可以參看，今採史家互見之例，以清眉目。本章主要是為自己被誣衊的聲譽作洗白，也順便對老友的為人，略作月旦，這也是投桃報李之義，這是效顰，但決不效尤，讀者諒之。

本文檢出王書若干章節，夾敘夾議，照說有很多可議的，但我視力太弱，不耐久讀，只能略舉數則，適可而止，浪費過多的時間和精力太不值得。再說寫得太多，未免喧賓奪主，於體例有礙。下文即引王書標題，稍加論列：

一、懷念南大（見王書一二〇頁第四十九節）

先錄王書原文：

「新加坡是英語環境，南大是華校，頗受歧視，內憂外患，甚爲複雜，重要的是各系應自己爭氣，偏偏最注目的中文系出問題（定按：「最」字下加一個「受」字，會較通順，應係手民漏植）。系主任對系務不負責，交由書記處理，他的生活教書之外，就是看報打牌，校方當然極不滿意，以後這位主任就離開了。而這時南大與坡下的新加坡大學已開始蘊釀合併，於是一九七七年校方再三邀我爲主任，度過難關。我不得已才打破我不任職的戒律，擔當系務，一面準備與新大中文系合併繁瑣的事，至一九八〇年，南大與新加坡大學合併爲國立新加坡大學，南大中文系的教職員都順利過去。我仍暫兼系主任。」（以下有一大段才子佳人之作，從略。）

以上是引文。現在再談點近事，也是趕寫本文的近因。一九九五年三月二十六日，是先師傅斯年先生百年冥誕之辰，當時還在擔任史語所所長的管東貴先生，備了車邀當年曾親炙孟眞師的年長同仁，有石璋如、黃彰健、王叔岷諸先生和我，同去臺灣大學傅園展拜。在車上，我和老友有如下的對話，「叔岷兄，你的大作回憶錄，我拜讀過了，很精彩，文采、風流，兼而有之，只是你那種寫法，有點深文羅織，是否有欠公允？」他輕聲回答：「我改寫了。」（或者是「我要改寫」）我說：「你有彩筆如椽（引老友「曾誇彩筆大如椽」詩意），我也有一枝禿筆，你寫了，我也要寫。」他又輕應：「那你寫嘛。」說到這裡，他反詰了：「你知不知道南大當局對你的觀感？」他這一反攻，逼出了我原不想說的如下幾句話：「我當然知道他們對我很不滿，我不懂得先意承志，揣摩逢迎。」他不響了，車也快到臺大，對話到此爲止。石、黃、管三位，始終未發一言，我將他們三位的大名列舉出來，並無他意，只不過要證明我和老友，確有這段對白，並非我信口開河。閒言表過，現在要就事論事，作一番辯白了。

謝謝老友的提示，他是一九七七年繼我「離開了」之後，擔任南大中文系系主任。我當然記得，當年我是爲了系中課程的安排，和當時剛到任的校長吳德耀先生意見相左，向他提出辭職函，他因剛到任，不願讓我辭職，卻沒退回我的辭職函。隔了約莫半年纔批准，並請老友繼任。吳先生曾任東海大學校長有年，對教育行政，很有經驗，可能因心有所蔽，往往不能、或是不願直道而行，我在〈新加坡南洋大學十三年〉裡，會有較詳細的陳述。現在我找到當時的日記，有關的情節，摘錄數則如下：

「一九七六年十月十三日，星期三，午後召開系會，討論中文系目標及課程調整案，未竣，明午前繼續舉行。」

「十月十四日，星期四，午前續開系會。」

「十月十五日，星期五，午後開系務會，有代校長（吳德耀）、院長（盧曜）、註冊主任（王佐）參加，吳德耀代校長忽然宣布，課程應歸併爲思想、語言文字、文學三大項，不能像以前那麼分設許多科目，將我們前兩天開會的決定，全推翻了，他原可在兩禮拜前（定按：是兩週前吳要我召開系會，討論本案的）就如此指示，卻讓我們白忙了兩天，這還罷了，這種改革是否合適，他也不管，我據理力爭，他概不接受，散會後，我立即請見院長，提出辭職的口頭請求。」

「十月十八日，星期一，午間陳三妹（定按：即上引王書所稱書記）來電話說副校長（定按：即盧曜先生，他是教育部官員，派來南大任副校長，也兼院長，照英制副校長即校長，綜理校務，可是南大又另設校長，這是美制，當時由吳德耀代理。新加坡原是英國殖民地，獨立後的典章制度，似未經周詳規畫，時有混淆不清的情形，此其一例）約王叔岷、皮述民和我，於三點一刻去他辦公室，商中文系課程問題，屆時吳德耀也參加討論，他今天不堅持上星期五開會時所作主張了，他允許中文系的課有選科，但仍主張刪去部分課程，而

> 王叔岷卻認爲還是上星期五校長（定按：指吳）的意見較好，（定按：即分設思想、語言文字、文學三課，由系中教員各就專長，分擔各課的部分課程。）我向校長表示，請他早日批准我的辭呈，他卻和我打太極拳，我是決心不幹了。」
>
> 「一九七七年五月十日，星期一，得叔岷來信（定按：當時我休假在臺北），告知我辭中文系主任，已獲校長批准，由他繼任。」

以上引述種種，都是老友目擊身親的，當時我明知吳校長的主張，是政府當局授意，根據就是《王賡武課程報告書》，我將在正文〈新加坡南洋大學十三年〉中評述。這也可以說就是老友的主張，請問老友，我這麼據理力爭，不管是否「擇善固執」，但這也算是不負責任嗎？當然我沒有像老友那麼識時務罷了。

至於看報，那是課餘，又無公事等待處理時，偶一爲之，各院都設有閱報室，系主任辦公時間看報的，也決非只有我李某一人；打牌是有的，那全是公餘消遣，老友儘可以說玩物喪志相規勸，但並沒因打牌妨害公務，這也構成了不負責任的犯行？書記處理的，是例行公事，如通知學生申請獎學金、交成績報告之類，聘用書記，原就爲處理這些事務，各系皆然，難道我連教學、或者課程改革之類的重要系務，都交給書記處理了？讀者們請看老友的行文，一氣呵成，不明眞象的人，很自然的會想到，學校對我不滿，有那麼多苟且泄沓的醜行，一定是被解聘離校的，老友寫這一段文字時，是何居心？除了證明他的不正直，實在難以找出更適當的解釋。事實上，我在一九七七年五月交卸系主任職務，到一九七八年，我滿六十歲時，屆齡退休，那時老友任系主任，我的退休手續，就是他通知我的。他寫了洋洋七八萬言的回憶錄，何獨對「退休」二字，那麼吝於著墨？而代以「以後這位主任就離開了」一語，老友！我現在正式要求你提出合理的解釋，你要是以正人君子自命，你就不能逃避，不然，何以面對學生？韓愈是把「傳道」，擺在「授業」、「解惑」前面的啊！新加坡政府效率之高，執法之嚴，舉世聞名，以前曾有兩位教師，因學潮時，同情學生，分別被勒令於二十四、四十八小時離境，假如我誠如老友所描寫的那麼不堪，新加坡政府容許我坐領乾薪、那麼因循泄沓的混過十三年嗎？老友！編謊話不能太離譜，你不能一手掩盡天下人耳目的。我能混過十三年，那是異數，這要比老友延退七年的殊榮更難得。老友！你有殊榮，我逢異數，我們眞是一時瑜亮！

其實，在留星十三年裡，除了看報、打牌之外，我還是作了點研究工作的，在一九六八、六九兩年，分別撰成〈從六書的觀點看甲骨文字〉和〈從幾種史前和有史早期陶文的觀察蠡測中國文字的起源〉，發表在《南洋大學學報》第二、三期。當時老友在吉隆坡馬來亞大學任教，還承馳書申賀，謬許爲「有領導性的大文章」，這兩篇拙文，奠定了爾後二十年我研究工作的重要礎石，後一篇，將漢字起源的說法，向前推溯了三千年，這是發前人所未發的創見；前一篇則建立了動態文字學的理論，並體現了動態文字學的研究。此外，在一九六九年新加坡的兩份華文報紙——《星洲日報》和《南洋商報》的元旦特刊上，我分別撰寫了兩篇文章，《南洋商報》是指定題目的，寫得了無新意，題目都記不得了；在《星洲日報》那篇，是爲了新加坡政府將採用中國大陸所頒布的簡體字而寫的，題爲〈從中國文字的結構和演變過程泛論漢字的整理〉，從動態文字學的觀點，檢討中國文字的整理和改革，基本上是批判中共政權的簡體字和國語羅馬化問題，是一篇頗有內容的文字。此外，《金文詁林讀後記》是留星最後一兩年裡寫的。這些拙文，老友應該讀得懂，只是無暇一顧，或者不屑一顧，或者即使「顧」了，也不屑一提。本來，要想達到誣衊人的目的，原就必須抹殺一些事實，和編造一些謊言。至於老友執行公務，是如何負責，將在〈新加坡南洋大學十三年〉裡詳述。

二、憤而辭職　（見王書八十六頁第四〇節）

爲了節省時間和篇幅，不再節錄了。本節主要指責兩個人，董彥堂先生和高曉梅先生，也涉及李濟之先生。他說彥堂師打壓他，這點我從沒聽到彥堂師提過，但我頗存疑，彥堂師的成就，學術界自有定評，和老友所治的老莊、校讎之學，在學術領域裡，也風馬牛不相及，何苦要打壓一個至少在當時尚無赫赫之名的後生小輩？至於高曉梅先生與老友有何過節，不甚了了。幾年前，老友被提名競選院士，在第一關評議會就沒有通過（以他的學術工作，應可通過第一關），高曉梅先生當時是人文組評議員，老友是否因此遷怒，我不敢妄臆；但要批評高不作學問，老友儘可從學術的觀點，撰文批評，他卻引喻失義。而且董、高兩位先生已作古人，無從替自己分辯，老友說：「我對人很寬厚和平，素不與人爭長短」，這種缺席裁判作風，也能算寬厚和平嗎？從此一觀點言，我為自己辯解的這篇文章，就更顯得有其必要了。本節之末，老友自言和史語所的同仁，形同陌路，在一個服務了五十多年的團體，造成這種結果，老友實在該對自己作番虛心的檢討了。

三、孔廟異夢　（見王書十七頁第九節）

老友記其靈異夢境，與妖魔搏鬥，幾瀕於危，正奔逃間，見一羅漢，袒腹而坐，臍中鑽出個裸身小孩，為之除妖，後數年，竟在他處廟中，見到夢境中相同之羅漢與裸身小兒塑像。這種似眞似幻的夢境，原不值得討論，我想談的，是老友的心態，他大概《史記》讀得太熟了，偉大人物之生，常有許多靈異，老友夢與妖魔搏鬥，正表現了他降魔衛道的抱負，乾脆就這麼寫，豈不更顯得是天降大任於他的先兆？寫到這裡，我倒想為老友更進一解，那小兒八成是繳還了彩筆的江文通；那胖大和尚，也不是甚麼彌勒佛，我看多半是魏伯起，看中了老友，附耳傳了他一套心法，這麼參詳，與老友今日的成就和表現，似乎貼切得多。

四、北大入學　（見王書四十三頁第二〇節）

本節記在栗峰史語所初見孟眞師時情況。老友獻其所為詩，孟眞師誡以：「要把才子氣洗乾淨，三年之內不許寫文章。」老友覺得奇怪，傅先生叫他洗淨才子氣，卻又送他王士禎《古詩選》和姚鼐《今體詩鈔》，其實老友大概是一時沒有會過意來，傅先生初見他，不便說他的詩有佳人才子氣，所贈兩種古今體詩選，應是讓老友揣摩，其意境應與老友所為詩的意境，有些差別的。我以我的想法，代孟眞師立言，應該雖不中亦不遠。其實老友的詩，雖富才子佳人氣，在年輕人也不足爲大病，不過孟眞師陳義過高，因而責之過切。我倒覺得浮誇自矜之氣，也許更該避免，我讀老友詩，有「曾誇彩筆大如椽」之句，曾口占打油詩一首，首句即借老友此句，但稍易二字，「夢中彩筆大如椽，早已還他八十年」，第三、四句，不提也罷，所謂「夢中」，非用江文通夢中還筆故事，此二字實在有些不敬之意，大概不需多作解釋了。讀了老友「曾誇」之句，難免對他的詩多些挑剔，畢竟彩筆不是人人都有的，更何況其大如椽呢？孟眞師所說要盡去的，可能也包括了自矜多才的才子氣吧。

五、一見如故　（見王書四十六頁第二十一節）

古今中外的才子佳人故事，幾乎都是千篇一律的，場景人物，縱或有異，關鍵性的問題必無二致，本節內情，不必細表。

女主角姓郭，就是老友筆下的娟娟。第一男主角王鈴，也許就是這故事發生的當年或次年，被英國劍橋大學編寫中國科技史的李約瑟延攬赴英作助理，數月前在大陸因心臟病逝世。在這故事中，他已退居第二男主角，現在他已作古，我也無意爲他爭排名了。當年，老友和我同一間宿舍，老友爲了接眷，就在原宿舍一牆之隔的張宅，租了兩間屋子備用，老友夫人還沒到，他已搬過去了；娟娟到後，常到他僦居處聊天，一夕，深夜，娟娟自動把門關上，她上大床，他上小床，不覺天明。下文中，老友說他爲此受謗，然後借娟娟之口，說了一連串的了解、懷疑、批評、尊敬的話，一氣呵成，很自然達成了「光明磊落」的總評。這和老友在懷念南大那節描寫系主任種種罪狀的手法，如出一轍，所不同的是，一正面，一負面，正面的總評，由當事人，也是女主角的口裡道出，當然可信；至於負面的總評，留待讀者決定，老友自然無須負責。寫到這裡，我爲老友借箸代籌，也替他說幾句公道話。當時他假如抱衾與裯，回到一牆之隔的舊宿舍，與我聯床，就可免得爲此受謗，在咫尺之外的小床上，少了一個輾轉反側的壯漢，娟娟也會睡得安穩些。不過話得說回來，對老友坐懷不亂的定力，我是信得過的，我原想對老友盛德，多稱讚幾句，又恐厚誣了娟娟，你不看他們原是光明磊落的嗎？老友在驗證了自己的定力之餘，又激起了強烈的正義感，下文中，他對娟娟說：「以後再不要這樣了。」這句話，他決非諉過於人，應該是指著自己的鼻子尖兒說出來的。這時，一直被蒙在鼓裡，已淪爲第二男主角的王鈴，在一牆之隔的宿舍裡，睡得正香甜，也許還好夢方酣呢。以較老友，爲了把持定力，轉側難眠的煎熬，天下事得失難言，往往類此。上面所寫的，是依常理作推測，老友是非常人，不可以常理論，他也許和王鈴一樣睡得非常安穩的。

老妻、一位女同事、另兩位朋友，非常不贊成我寫這節，覺得這是他的私事，我管不著。我卻覺得我根據老友自己所記，作此檢討，算不得揭人隱私。假如說得冠冕堂皇一點，我是檢討人性與師道的尊嚴，眞誠與欺罔的分際，那就不是單純的私人事務了。畢竟我還是寫了，我應該向老妻、朋友和王叔岷先生說聲：「抱歉！」

老友是多才的，開講《莊子》時的轟動，也是實情，我不止一次聽他提起學生聽講的情形，「那個瘋狂啊！」他又提到並蒂杜鵑和一綹青絲之類的韻事，使我猛地想起，假如有那位中文系主任，想到請他開「紅學」，保證比講《莊子》更令人瘋狂。

讀後記就此打住，末了，我想來段自我批判。我不是說我極其平凡和渺小嗎？這也有其道理的，人說：「有容乃大，無欲則剛。」我心胸褊狹，不能容物，格局自然大不了；至於無欲這一點，我自信還算差不多作到了，卻往往剛得過了頭，我急著寫讀後記，就是明證。有這種臭脾氣，如何能夠不平凡渺小，我想用這種自我批判，表示歉意，不知老友是否能接受？

滄海叢刊書目（一）

國學類

中國學術思想史論叢（一）～（八）	錢　穆　著
現代中國學術論衡	錢　穆　著
兩漢經學今古文平議	錢　穆　著
宋代理學三書隨劄	錢　穆　著
論語體認	姚式川　著
論語新注	陳冠學　著
西漢經學源流	王葆玹　著
文字聲韻論叢	陳新雄　著
入聲字箋論	陳慧劍　著
楚辭綜論	徐志嘯　著

哲學類

國父道德言論類輯	陳立夫　著
文化哲學講錄（一）～（六）	鄔昆如　著
哲學與思想	王曉波　著
內心悅樂之源泉	吳經熊　著
知識・理性與生命	孫寶琛　著
語言哲學	劉福增　著
哲學演講錄	吳　怡　著
日本近代哲學思想史	江日新　譯
比較哲學與文化（一）（二）	吳　森　著
從西方哲學到禪佛教 ── 哲學與宗教一集	傅偉勳　著
批判的繼承與創造的發展 ── 哲學與宗教二集	傅偉勳　著
「文化中國」與中國文化 ── 哲學與宗教三集	傅偉勳　著
從創造的詮釋學到大乘佛學 ── 哲學與宗教四集	傅偉勳　著
佛教思想的現代探索 ── 哲學與宗教五集	傅偉勳　著

中國哲學與懷德海　東海大學哲學研究所主編
人生十論　錢　穆　著
湖上閒思錄　錢　穆　著
晚學盲言（上）（下）　錢　穆　著
愛的哲學　蘇昌美　著
邁向未來的哲學思考　項退結　著
逍遙的莊子　吳　怡　著
莊子新注（內篇）　陳冠學　著
莊子的生命哲學　葉海煙　著
墨家的哲學方法　鍾友聯　著
韓非子析論　謝雲飛　著
韓非子的哲學　王邦雄　著
法家哲學　姚蒸民　著
中國法家哲學　王讚源　著
二程學管見　張永儁　著
王陽明
——中國十六世紀的唯心主義哲學家　張君勱著、江日新　譯
王船山人性史哲學之研究　林安梧　著
西洋百位哲學家　鄔昆如　著
西洋哲學十二講　鄔昆如　著
希臘哲學趣談　鄔昆如　著
中世哲學趣談　鄔昆如　著
近代哲學趣談　鄔昆如　著
現代哲學趣談　鄔昆如　著
思辯錄
——思光近作集　勞思光　著
中國十九世紀思想史（上）、（下）　韋政通　著
存有・意識與實踐
——熊十力體用哲學之詮釋與重建　林安梧　著
先秦諸子論叢　唐端正　著
先秦諸子論叢（續編）　唐端正　著
周易與儒道墨　張立文　著
孔學漫談　余家菊　著
中國近代新學的展開　張立文　著
哲學與思想
——胡秋原選集第二卷　胡秋原　著

從哲學的觀點看　關子尹　著
中國死亡智慧　鄭曉江　著
後設倫理學之基本問題　黃慧英　著
道德之關懷　黃慧英　著
異時空裡的知識追逐
——科學史與科學哲學論文集　傅大為　著

宗教類

天人之際　李杏邨　著
佛學研究　周中一　著
佛學思想新論　楊惠南　著
現代佛學原理　鄭金德　著
絕對與圓融
——佛教思想論集　霍韜晦　著
佛學研究指南　關世謙　譯
當代學人談佛教　楊惠南　編著
從傳統到現代
——佛教倫理與現代社會　傅偉勳　主編
簡明佛學概論　于凌波　著
修多羅頌歌　陳慧劍　譯註
禪　話　周中一　著
佛家哲理通析　陳沛然　著
唯識三論今詮　于凌波　著

應用科學類

壽而康講座　胡佩鏘　著

社會科學類

中國古代游藝史
——樂舞百戲與社會生活之研究　李建民　著
憲法論叢　鄭彥棻　著
憲法論集　林紀東　著
國家論　薩孟武　譯
中國歷代政治得失　錢穆　著
先秦政治思想史　梁啟超原著、賈馥茗標點
當代中國與民主　周陽山　著

我見我思	洪文湘 著
釣魚政治學	鄭赤琰 著
政治與文化	吳俊才 著
中華國協與俠客清流	陶百川 著
世界局勢與中國文化	錢穆 著
海峽兩岸社會之比較	蔡文輝 著
印度文化十八篇	糜文開 著
美國社會與美國華僑	蔡文輝 著
日本社會的結構	福武直原著、王世雄 譯
文化與教育	錢穆 著
開放社會的教育	葉學志 著
大眾傳播的挑戰	石永貴 著
傳播研究補白	彭家發 著
「時代」的經驗	汪琪、彭家發 著
新聞與我	楚崧秋 著
書法心理學	高尚仁 著
書法與認知	高尚仁、管慶慧 著
清代科舉	劉兆璸 著
排外與中國政治	廖光生 著
中國文化路向問題的新檢討	勞思光 著
立足臺灣，關懷大陸	韋政通 著
開放的多元社會	楊國樞 著
現代與多元——跨學科的思考	周英雄主編
臺灣人口與社會發展	李文朗 著
財經文存	王作榮 著
財經時論	楊道淮 著
經營力的時代	青龍豊作著、白龍芽 譯
宗教與社會	宋光宇 著

史地類

古史地理論叢	錢穆 著
歷史與文化論叢	錢穆 著
中國史學發微	錢穆 著
中國歷史研究法	錢穆 著
中國歷史精神	錢穆 著

中華郵政史　張翊　著
憂患與史學　杜維運　著
與西方史家論中國史學　杜維運　著
清代史學與史家　杜維運　著
中西古代史學比較　杜維運　著
歷史與人物　吳相湘　著
歷史人物與文化危機　余英時　著
共產國際與中國革命　郭恒鈺　著
共產世界的變遷
——四個共黨政權的比較　吳玉山　著
俄共中國革命祕檔（一九二〇～一九二五）　郭恒鈺　著
抗日戰史論集　劉鳳翰　著
盧溝橋事變　李雲漢　著
歷史講演集　張玉法　著
老臺灣　陳冠學　著
臺灣史與臺灣人　王曉波　著
黃　帝　錢穆　著
孔子傳　錢穆　著
宋儒風範　董金裕　著
弘一大師新譜　林子青　著
精忠岳飛傳　李安　著
鄭彥棻傳　馮成榮　著
張公難先之生平　李飛鵬　著
唐玄奘三藏傳史彙編　釋光中　編
一顆永不隕落的巨星　釋光中　著
新亞遺鐸　錢穆　著
困勉強狷八十年　陶百川　著
困強回憶又十年　陶百川　著
我的創造・倡建與服務　陳立夫　著
我生之旅　方治　著
逝者如斯　李孝定　著

語文類

文學與音律　謝雲飛　著
中國文字學　潘重規　著
中國聲韻學　潘重規、陳紹棠　著

魏晉南北朝韻部之演變	周祖謨	著
詩經研讀指導	裴普賢	著
莊子及其文學	黃錦鋐	著
管子述評	湯孝純	著
離騷九歌九章淺釋	繆天華	著
陶淵明評論	李辰冬	著
鍾嶸詩歌美學	羅立乾	著
杜甫作品繫年	李辰冬	著
唐宋詩詞選 ——詩選之部	巴壺天	編
唐宋詩詞選 ——詞選之部	巴壺天	編
清真詞研究	王支洪	著
苕華詞與人間詞話述評	王宗樂	著
優游詞曲天地	王熙元	著
月華清	樸月	著
梅花引	樸月	著
元曲六大家	應裕康、王忠林	著
四說論叢	羅盤	著
紅樓夢的文學價值	羅德湛	著
紅樓夢與中華文化	周汝昌	著
紅樓夢研究	王關仕	著
紅樓血淚史	潘重規	著
微觀紅樓夢	王關仕	著
中國文學論叢	錢穆	著
牛李黨爭與唐代文學	傅錫壬	著
迦陵談詩二集	葉嘉瑩	著
西洋兒童文學史	葉詠琍	著
一九八四	George Orwell原著、劉紹銘	譯
文學原理	趙滋蕃	著
文學新論	李辰冬	著
文學圖繪	周慶華	著
分析文學	陳啟佑	著
學林尋幽 ——見南山居論學集	黃慶萱	著
中西文學關係研究	王潤華	著

魯迅小說新論	王潤華 著
比較文學的墾拓在臺灣	古添洪、陳慧樺編著
從比較神話到文學	古添洪、陳慧樺主編
現代文學評論	亞菁 著
現代散文新風貌	楊昌年 著
現代散文欣賞	鄭明娳 著
葫蘆・再見	鄭明娳 著
實用文纂	姜超嶽 著
增訂江皋集	吳俊升 著
孟武自選文集	薩孟武 著
藍天白雲集	梁容若 著
野草詞	韋瀚章 著
野草詞總集	韋瀚章 著
李韶歌詞集	李韶 著
石頭的研究	戴天 著
寫作是藝術	張秀亞 著
讀書與生活	琦君 著
文開隨筆	糜文開 著
文開隨筆續編	糜文開 著
印度文學歷代名著選（上）（下）	糜文開編譯
城市筆記	也斯 著
留不住的航渡	葉維廉 著
三十年詩	葉維廉 著
歐羅巴的蘆笛	葉維廉 著
移向成熟的年齡——1987～1992詩	葉維廉 著
一個中國的海	葉維廉 著
尋索：藝術與人生	葉維廉 著
從現象到表現——葉維廉早期文集	葉維廉 著
解讀現代・後現代——文化空間與生活空間的思索	葉維廉 著
山外有山	李英豪 著
知識之劍	陳鼎環 著
還鄉夢的幻滅	賴景瑚 著
大地之歌	大地詩社 編

往日旋律	幼柏 著
鼓瑟集	幼柏 著
耕心散文集	耕心 著
女兵自傳	謝冰瑩 著
詩與禪	孫昌武 著
禪境與詩情	李杏邨 著
文學與史地	任遵時 著
抗戰日記	謝冰瑩 著
給青年朋友的信（上）、（下）	謝冰瑩 著
冰瑩書柬	謝冰瑩 著
我在日本	謝冰瑩 著
大漢心聲	張起鈞 著
人生小語（一）～（七）	何秀煌 著
人生小語（一）（彩色版）	何秀煌 著
記憶裡有一個小窗	何秀煌 著
回首叫雲飛起	羊令野 著
康莊有待	向陽 著
湍流偶拾	繆天華 著
文學之旅	蕭傳文 著
文學邊緣	周玉山 著
文學徘徊	周玉山 著
無聲的臺灣	周玉山 著
種子落地	葉海煙 著
向未來交卷	葉海煙 著
不拿耳朵當眼睛	王讚源 著
古厝懷思	張文貫 著
材與不材之間	王邦雄 著
劫餘低吟	法天 著
忘機隨筆 ——卷一・卷二・卷三・卷四	王覺源 著
詩情畫意 ——明代題畫詩的詩畫對應內涵	鄭文惠 著
文學與政治之間 ——魯迅・新月・文學史	王宏志 著
洛夫與中國現代詩	費勇 著
老舍小說新論	王潤華 著

美術類

音樂人生	黃友棣　著
樂圃長春	黃友棣　著
樂苑春回	黃友棣　著
樂風泱泱	黃友棣　著
樂境花開	黃友棣　著
樂浦珠還	黃友棣　著
音樂伴我遊	趙　琴　著
談音論樂	林聲翕　著
戲劇編寫法	方　寸　著
與當代藝術家的對話	葉維廉　著
藝術的興味	吳道文　著
根源之美	莊　申編著
扇子與中國文化	莊　申　著
從白紙到白銀	莊　申　著
畫壇師友錄	黃苗子　著
水彩技巧與創作	劉其偉　著
繪畫隨筆	陳景容　著
素描的技法	陳景容　著
建築鋼屋架結構設計	王萬雄　著
建築基本畫	陳榮美、楊麗黛　著
中國的建築藝術	張紹載　著
室內環境設計	李琬琬　著
雕塑技法	何恆雄　著
生命的倒影	侯淑姿　著
文物之美——與專業攝影技術	林傑人　著

～涵泳浩瀚書海　激起智慧波濤～